ヴィゴツキー、ポラン / 言葉の内と外
―パロルと内言の意味論

ヴィゴツキー、ポラン　著
神谷　栄司　編集・訳・著述
小川　雅美、伊藤　美和子　訳

三学出版

目　次

第Ⅰ章　ポラン：語の意味とはなにか（翻訳）…………… 1

Ⅰ　「意味」と「語義」…………………………………… 2

Ⅱ　語の意味と諸傾向 …………………………………… 24

Ⅲ　全体の視野 …………………………………………… 28

Ⅳ　語とその意味との諸関係 …………………………… 34

結論 ……………………………………………………… 50

第Ⅱ章　ヴィゴツキー：思惟と語（翻訳）…………… 53

〔Ⅰ　思惟と語とをめぐる理論状況〕………………… 54

要素への分解か、単位への分解か─言語的思考の単位としての語義　54

語に含まれる一般化、語義の変化と発達─ことばと思考に関する連合理論、ヴュルツブルグ学派、ゲシュタルト理論への批判　57

〔Ⅱ　機能的次元での考察─思惟から語への運動の諸平面〕………… 65

思惟から語への運動の第 1 平面──事柄ではなく過程として捉える　66

思惟から語への第 2 平面──形相と意味の統一性と対立性　67

文法的カテゴリーと心理学的カテゴリーとの不一致─主語と述語をめぐって　70

ことばの文法構造の変化がもたらす意味の変動─文法的性とその翻訳の事例　73

子どものことばにおける形相・意味の考察から─事物の一部としての語・音　75

意味論的構造における語の対象所属性と語義との区別─命名機能と信号機能　77

思惟から語への運動の第 3 平面─ことばの意味論的平面の奥にある・独自の本性をもつ内言　79

〔Ⅲ　内言の研究方法─自己中心的言語の発生的分析〕…………… 82

ピアジェとヴィゴツキーとにおける自己中心的言語の理解の相違　85

自己中心的言語の「理解しにくさ」が意味するもの　88

ピアジェへの批判実験　93

ピアジェ自身が取り上げたモメントを使った実験　94

〔Ⅳ　ふたたび、思惟から語への運動の第３平面―内言―について〕 101

　断片性・欠片性・短縮性　102

　内言における絶対的述語主義　104

　キチイとレーヴィンの頭文字による告白　105

　ことばの対話（ダイアローグ）形式と独話（モノローグ）形式　112

　イントネーションによる意味の理解　113

　対話と独話との本質的比較―書きことば・話しことば・内言　116

　内言の統語論―主語の省略と絶対的述語主義　117

　内言における意味論の特殊性　123

　内言の理解しにくさとは何か　130

〔Ⅴ　言語的思考の新平面（思惟そのもの）の考察〕 ‥‥‥‥‥‥ 134

　ことばを見つけられない思惟　134

　テクストとポドテクスト　136

〔Ⅵ　「思考と言語」から「意識と言語」へ〕 ‥‥‥‥‥‥‥‥‥ 139

　思惟の背後にある動機の領域―欲望・情動・意志　139

〔研究のまとめ〕 ‥‥‥‥‥‥‥‥‥‥‥‥‥‥‥‥‥‥‥‥‥ 142

第Ⅲ章　言葉の内と外 ‥‥‥‥‥‥‥‥‥‥‥‥‥‥‥‥ 149

Ⅰ　音・模様・意味――ある言語体験から ‥‥‥‥‥‥‥‥ 149

Ⅱ　内言の研究への道 ‥‥‥‥‥‥‥‥‥‥‥‥‥‥‥‥‥ 160

Ⅲ　内言の構造と意味論 ‥‥‥‥‥‥‥‥‥‥‥‥‥‥‥‥ 165

Ⅳ　ポランの「語の意味」論とヴィゴツキー ‥‥‥‥‥‥‥ 171

Ⅴ　「思惟から語」「内言から外言」への過程 ‥‥‥‥‥‥‥ 178

あとがき ‥‥‥‥‥‥‥‥‥‥‥‥‥‥‥‥‥‥‥‥‥‥‥‥ 189

第Ⅰ章　ポラン：語の意味とはなにか（翻訳）

フレデリック・ポラン　語の意味とは何か？
小川雅美、神谷栄司・訳

〔凡例〕

— この翻訳の原典は、Frédérich Paulhan, Qu'est-ce que le sens des mots?, Journal de psychologie normale et pathologique, 25, 1928. pp. 289-329 である。

— 訳出にあたり、概ね、signification を「語義」とし、sens を「意味」とし、acception を「語意」とした。文脈から判断して別の訳語を用いる場合には原語を付した。

— 概ね、idée は「観念」、notion は「概念」、conception は〔個人のものごとの〕「捉え方」、そして pensée は「思惟」とした。

— 概ね、émotion は「情動」、sentiment は「感情」とした。

— 概ね、mot は「語」、verbe, vocable は「言葉」、parole は「話しことば」、langue は「言語」と訳した。文脈上の理由で別の訳語を用いた場合には原語を付した。langage は言語学用語としての「言語活動」と一般的な意味の「ことば」を文脈によって訳し分けた。

— esprit は、本論文では人の「精神」そのものおよびその精神を持った「人」を表し、これらの間に意味上の境界はないと考えられる。そのため、概ね「精神」と訳し、文脈によって「人」と訳した場合には原語を付した。

— これらの原語は語尾変化を伴う場合があり、原典の通りに記載した。

— 原典では plus ou moins という句が多用されている。この句は、原典では、後続の語句の意味の程度が強い場合も弱い場合もあるという可能性を示している。翻訳では、主に文体上の理由で複数の訳語を使い分けている。

— その他、原語と訳語との関係に注意を要すると判断した場合、訳語に続けて原語を付した。

— 文中の用例には、原語であるフランス語のつづりをそのまま用い、〔 〕内に「　　」を付して訳を記した。

— 脚註の多くは訳者によるものであるが、一部に原典の註がある。その場合には〔原註〕と示している。

— （　　）は原典中の括弧を示す。一方、〔　　〕は訳者による補足である。

— 参照されている著作については、できる限り出典を示し、翻訳が見つかった場合にはその出典を明示しつつ引用した。

I 「意味」と「語義」

　語の意味とは、もっとも広い語意では、その語がある精神のなかに呼び起こし、その精神の反応が拒絶せずに受け入れて組織する、心理学的諸事実の全総体である。この諸事実は傾向、わけても、思考し感覚し行動することへの傾向であり、抽象的傾向であり、習慣であり、それと同時に、イメージ・観念・今このときの actuelles 情動である。それらの全体は、ある精神的態度である。また、〔それらの全体は、〕語をめぐって組織された諸要素が様々な関係で程度の差こそあれ緊密に結ばれ、程度の差こそあれ密集した一つの総合体、あるいはいくつもの総合体である。一つの要素が複数の総合体に入ることもある。

　例えば、père〔「父」〕という語は、私たち自身の父親のイメージや修道士の髪型など、様々なイメージを私たちのなかに惹き起こすことができる。尊敬・愛情・近寄りがたさ・反抗心の諸印象が同時に呼び起こされることもある。これらすべては、語の意味に無縁なままなのではなく、その語の意味に帰着し、その一部をなす。「父」は、ある視点では尊敬すべき人格、別の視点では窮屈な権威と捉えられうる。しかし、これらすべては副次的である。本質的なものは心的態度である。それは、定義するのはかなり困難だが明確なもので、とても特徴的な心の状態である。この心の状態は、現在の事実よりも可能性から、抽象から、そして、ほとんど意識はされないが精神にひとまとまりの方向を示すような傾向から構成されている。語の意味とは、私たちが聞いたり読んだりする語についての思惟を理解し、やや不完全でも結局はその思惟に十分ついていくことができ、その思惟を私たちのなかで再構成することができ、とりわけ、その語が示す現実が興味深い場合には、私たちが自分の望みや観念に従って行動し、私たちのふるまいを自らの志向に適合することが可能になるような方法で、私たちがその語を使用できるようにするものである。

　私たちがある文を読んだり聞いたり話したり書いたりするとき、語によって

指し示される何らかの対象・操作・現実の正確で詳細な表象を、私たちは概して持っていない。そうした表象は気詰まりであろうし、精神の邪魔をし、精神活動を遅滞させるであろう。文と語が適切な態度を惹き起こすなら、また、意識の完全な光へとそれらの表象を導くことをせずとも適切な傾向性を呼び覚ますのならば、私たちはその文と語をそうした表象なしに十分理解するのである。

確かに、これらの傾向性に緊密に結びついて多少とも明瞭なイメージや意識された観念や情動が芽生えることもしばしばある。それらは活動 jeu を伴うようになり、その活動を促進したり阻害したり、無駄に詳細にしたり複雑にしたり、方向づけたり脇道に逸らせたりする。しかし、おそらくみかけより稀なことではあるが、この錯綜は、錯綜自体が特に望まれる（文学作品に生じることがある）場合を除いて、状況・個々人・機会そして活動 activité のために必要とされる傾向性によって大いに変化する付随的事実である。

同じ一つの語がいくつもの意味を持ちうる。つまり、語は異なる傾向性を持つ〔複数の〕まとまりを呼び起こすことができる。たとえば、calcul〔「計算」「結石」〕という語は、数学に関するものか、あるいは、腎臓や肝臓の病理学に関するものかによって、まったく異なる精神的態度を決定するであろう。この語によって呼び起こされた観念と印象とは、この語が挿入された文が微積分学と「四則計算の規則」のどちらに関係するかによって〔も〕、決して同じではなくなるであろう。

語が現れる度に、その語は、特殊な場合を除いて、普通、精神にただ一つの道しか切り拓かないであろう。ある語の多様な意味のうち、実際通常は状況が呼び覚ますただ一つの意味だけが作用する、と筆者は既に述べた。そこにふさわしくないものは気づかれずに陰にある。ある友人が私たちに、「今私は『アイスクリームを食べた prendre une glace』ばかりだ」と言ったとしても、私たちは彼が鏡を盗んだなどという疑いを持つことはないであろう[1]。異なる二つまたは幾つもの道が精神を引き寄せるとき、それは言葉遊び・語呂合わせ・隠喩、

---

1 glace には「アイスクリーム」と「鏡」の語意があり、prendre には「食べる」と「取る」の語意が含まれる。

もしくは取り違えの始まり、軽微あるいは重大なたわごとのいずれかである。

　普通に考えているときには、同じ一つの語の異なる語意は、それらが想起されなくても、潜在的状態、無意識的もしくは半意識的な記憶にも、しばしば意識の閾（しきい）において、なおも存在する。適切な時期が到来するとき、あるいはそれが現れないうちでさえ、これらの語意は自分の出番に向かっていつでも準備できている。

　このようにして、語はいくつもの意味を獲得することができる。私たちはその多数性が大いに表された場合を想起したところである。だが、子細に検討し、もはや共通のものをまったく持たないように思われる極めて異なる意味について考えるだけでなく、互いにわずかしか離れておらずもはやニュアンス以外には区別されない非常に多様な意味にも注目するならば、多義性とは極めて一般的でおそらく普遍的な事実であるとの判断に導かれるであろう。語の意味は、その語の様々な使用法を許容したり、いろいろな傾向に向けて意味を決定したり、状況次第でその語に明瞭かつ変化しやすい価値を受け入れさせたりするために、たえず十分に豊かで十分に複雑である。一つの語が表す心理的な可能性は、一つにまとまった単一の傾向が常に一様に活動することにはまったく限定されない。いくつかの語が同一の抽象的な語義を保持しているときでさえもなお、それらの語は、それを用いる精神次第で、あるいは、同じ人が用いる語の使用法次第で、より具体的で著しく変化しうる意味価値を帯びるのである。これは、私たちが père という語に対してすでに暗に認めたことである。

　こうして私たちは、語の意味のなかに、安定性の異なるいくつもの領域、いくつもの部分を考察するに至る。抽象的で一般的な同一の語義も、個人次第で、そして一人の個人にとっては状況次第で、大いに異なる観念と印象を伴うであろう。

　ついでに指摘するならば、ここにこそ、語の意味がこうむる多様性の一般的原因がある。そしてその多様性は、ときには、多かれ少なかれ時間をかけて、ある言語において、はっきりと放棄された原初的な意味から十分に隔たってい

第 I 章　ポラン：語の意味とはなにか（翻訳）　5

る個別の語意を定着させている。私たちは、メイエ氏が極めて興味深い研究の
なかで示した、社会的要因の働きに影響する心理メカニズムを垣間見ることが
できる[2]。筆者は、後ほど[3]、このメカニズムをより近くから研究することにし
たい。

　さしあたり、語の意味を構成する傾向・観念・イメージ・印象の様々なグルー
プが同じ重要性や同じ持続性を持っていないということを記憶しておこう。た
だし、少なくともある人間の生活あるいは社会の生活において、あるときには
本質的な意味がある。それらは、ある個人あるいはあるグループ全体にとって
その語がたえず意味するものである。それらが普遍的あるいはほとんど普遍的
にその語によって想起されるとき、それらはその語の語義を構成している、と
私たちは言い、個人による相違は無視することになろう。例えば、père とい
う語は、もし、当然ながら、この語の家族に関わる意味しか考慮しないとすれ
ば、現代においては、一人以上の子どもを持った男性個人を意味するのである。

　だが、一つの意味に確定されるような語義も、一つの語で示される多様な語
義も、その語の意味を構成するには十分でない。語義となっているものに加え
て、示唆されるものを認識し[4]、それを考慮に入れねばならない。

　私たちに伝えられる語や文は、私たちに単に他者の思惟を知らせるだけでは

─────────

2 〔原註〕Meillet, Comment les mots changent de sens.
　〔訳註〕アントワーヌ・メイエ（1866-1936）はフランスの言語学者。本書は 1906 年出版。
　次の邦訳がある。『いかにして言語は変わるか─アントワーヌ・メイエ文法論集─』第 3
　章「いかにして単語は意味を変えるか」、松本明子編訳、ひつじ書房、2007 年、53 ページ
　から 113 ページ。言語における意味の変化に与える社会的要因の重要性について詳述され
　た論文である。なお、この論文のなかに、「ポーラン」〔ポラン〕の主張が間接的に引用さ
　れており、メイエとポランが同時代に影響しあいつつ活躍していたことが窺える。その引
　用箇所をさらに引用する。「ルロワ Leroy 氏が、Le langage『言語』p.97 に引用しているポー
　ラン氏の指摘は、それを次のように適切に言い表している。『単語や文を理解することは、
　その単語や文が表す実際の物のイメージを抱くことではなく、その語によって表される事
　物の知覚が呼び起こすであろうあらゆる種類の傾向の微かな兆しを、自分のなかに感じる
　ことである』これほど僅かしか、また、不明確にしか喚起されないイメージほど、まさに
　それ故に、大きな抵抗もなく変化を被りやすくなるのだ。」（同書 61 ページ）。
3 第 1 章の最後の部分（23 ページ参照）を指すと思われる。
4 〔原註〕この主題については、筆者の次の論文を参照することができる。La double
　fonction du langage, Revue philosophique, 1927.〔「言語活動の二重の機能」、『ルヴュ・フィ
　ロゾフィック』1927 年〕。

ない。語と文というものは、同時に、個々の人 esprit によって大いに異なる可能性もある、多かれ少なかれ発達した応答の全体を生み出している。伝達され程度の差はあっても忠実に再生された思惟の傍らで、ある人格がある別の人格によって提供された観念を受容する方法を明らかにするような観念・イメージ・印象そして傾向性が誕生し、発達し、組み合わされる。

この〔別の人格によって提供された〕観念は、何らかの心の状態を意味している。これは同時に、皮肉や隠喩におけるように、ことばによって直接的に表現されない他の感情と思惟のまとまりを、しばしば意図的に示唆している。さらに、受容する精神は、これらすべてを解釈し、それらを豊かにしたり弱めたりし、それらにコメントを付け加えながら翻案したりする。たえず現実的なこの働きは、あまり評価されないか、気づかれさえしない場合もかなり多い。もし二人の対話者が、その大部分がほぼ常に無視できるような彼らの種々の応答を〔逐一〕観察し展開させてときを過ごすならば、最も単純な対話さえも不可能になるであろう。

その逆に、ある場合には、語と文の「意味」というこの部分が重要性を獲得し、優越的になることもありうる。ときとして、私たちに述べられることのなかで、より私たちの興味を惹くものは、私たちに示される signifiée 現実ではなく私たちの個人的な応答であり、副次的に呼び覚まされる観念や印象なのである。

もちろん、これらの応答が、語と文との意味であると正当に呼べるものの外部に留まることもある。語によって示唆されるもののすべてが、その語の意味の一部となるわけではない。筆者はある人と知り合いになったが、彼にとって「スキピオ」という名称は、ここで探求するのが無益な連想〔連合〕の結果、スクランブルエッグの料理という観念を想起させていた。明らかに、この観念はこの名前の意味の一部ではなかった。だが、心に浮かんだ思惟のかなりの部分は、もしそのような想起が繰り返され一般化されるなら、思惟を想起させた語と結びつき、それによって語の意味を複雑にしたり、貧弱にしたり、逸脱させることもありうる。ある語によって呼び起こされたしかじかの観念がその語にいつまでもしがみついたり、その意味のなかに入り込んだりする可能性があ

るのかないのかを、予め言うことはできない。筋肉の観念をネズミのイメージと結びつけた最初の者は、疑いなく、この観念がこのイメージを通常呼び起こす語に結びつくだろうとは考えていなかった[5]。そして、語によって精神のなかに偶然にであっても呼び起こされたいかなる観念やイメージも、まさにそのことによって、その語と結びつく傾向、すなわちその意味の一部をなす傾向がある、と断言することができる。心に浮かんだ思惟は、こうして、好都合な状況においては、この思惟を呼び起こした語と緊密に結合しつづける。また、この思惟はその語から決定的に遠ざかることもできる。前者の場合、思惟は、いわば語の影響の領域のなかに留まり、語のなかに多かれ少なかれ意味を変形させながら入り込み、ときには、その意味の本質的な部分となり、その語義を構成するに至る。

　それ故に、語の意味は、語義がその一部分、最大限に明確な部分、概して最良に統合された部分でしかないような、複合的なものであるように思える。私たちは、意味と語義のあいだに厳密な境界がないことを後ほど再確認するであろう。概念は一方から他方へと移ることができる。しかしながら、語義は語と文が直接的、非媒介的記号であるところの何らかの概念を含んでいる、と言うことができる。語義は、少なくとも潜在的には、発信する者と受信する者、つまり話す者と聞く者にとってはっきり同一であると感じられるものであり、そうあるべきものである。逆に、意味は多様であり、ときとして、人によってとても大きく異なる。père という語は、一つの親等を表す限り、万人にとって同じ語義を保持している。〔一方〕、この語は、甘やかされた子どもにとって、もしくは虐待された子どもにとって、〔父親に〕敬意を抱く息子にとって、もしくは反抗する息子にとって、伝統主義者もしくは家族〔制〕に反対する者にとって、同一の意味を持ってはいない。〔父親が〕尊敬と愛情を受ける権利は、それぞれの前者にとっては、「父」の定義の一部をなしているが、後者にとってはそうではない。語に結びついた観念・印象は、それぞれの人の経験・感

5　muscle〔「筋肉」〕に相当するラテン語の語源は「ネズミ」である。

8

情・信条によって異なっている。記号言語 langage signe の働きである、語義の相対的な統一性の傍らには、示唆としての言語の果てしない多様性が広がっており、その効果は、示唆的言語を使用する者およびそれを知覚する者の本性とともに変化する。そして、私たちは、意味の一部がどのように新しい語義を構成するのかを見ることによって、意味と語義の区別をおそらくよりよく理解するのである。たとえば、人は、自分の子どもを持ったことがない老いた善人を俗に père〔「親父」〕という語で言い表している。oncle〔「叔父」〕という語は、私たちにとっては、いつのころからか同じ運命をたどる意味を有するようになった。アメリカにアンクル・トム〔「トムおじさん」〕[6] がいたように、私たちには「オンクル・サルセー〔「サルセーおじさん」〕[7]」その他がいたのである。

　ここで筆者が理解するような語の意味は、いくつもの部分を内包しているのであり、それは、あいまいで可動的で飛び越えられないとも限らない境界を持つ同心円である、と容易に言うことができよう。

　最も小さい円は、筆者がここで語の語義、つまり語の抽象的・一般的語義と呼ぶ意味の部分を宿している。それは、他の諸部分が、そこから時々生成し、多くの形式の連合やかなり異なる価値によってそこにたえず結び直されている、本質的な部分である。

　用語の最も具体的な語義そのものは、ここでそれを論じることが重要なのであるが、たえず抽象的で一般的なままである。語・文・章あるいは書物の集積や組み合わせによる以外は、具体的に近づけないし、また、決して完全に具体に達しない。もしナポレオン・ボナパルトの名前を挙げるなら、この名前は彼の人生のしかじかの瞬間に具体的現実において捉えられた、また彼の本性のしかじかの側面において考察された人間を表現していないし、示し signifie てもいない。その名前は、思惟と、無数の行動と、移ろいやすく多様で矛盾する感情を持ち、光輝くことも影になることもあった一人の人格を指し示している。

6　アメリカ合衆国の作家ストウ夫人の小説『アンクル・トムの小屋』の主人公の呼び名。
7　フランスの演劇評論家でありジャーナリストのフランシスク・サルセー（1827-1899）のあだ名。

第Ⅰ章　ポラン：語の意味とはなにか（翻訳）　9

確かに、〔一般に〕名前は、自分が行い語り感じたことのすべてを所有する一人の人格を指し示しており、その名前は具体的事実を示したいという何らかの意図をしっかりと持つ。しかし、この具体的事実を私たちは想像することはできないし、数え切れないほど多くの諸要素が私たちに認識されないままであるし、他の要素は忘れられるか、名前を読んだり聞いたりする者と同様、名前を使用する者の思惟の外側にとどまるのである。したがって、名前は当然のことながら抽象的で一般的な用語に他ならず、それは、一種の総合的な要約において、その全体がある人の人生であるようなすべての具体的諸事実を表す。その人生の統一をなすものは、その諸事実が知られていようがいまいがいずれも個別に示すことはなく、心と生の諸事実の連合に関してある種の一般的な形式を表す。その本質的で抽象的な語義は、ある同じ名前を使用する万人にとって同一である。

　語義に参加するようになるすべての要素は、人と状況によって変化する意味に語義を変形するために、同じ頻度、同じ有用性では作用しないであろう。しかしながら、外的状況については、個々人の感情や意見は、異なる意味を代わるがわる提起するだろう。ワーテルローに関することであるなら、示唆はアウステルリッツに関することと同じようには作用しないだろう[8]。前者の場合には、示唆はより後の時代の失望と災難の観念または印象をもたらすだろう。後者の場合には、増大する権力と栄誉の観念または印象をもたらすだろう。名前の抽象的語義は変化していない。常に、1769 年に生まれ、将軍、執政、皇帝であり、1821 年にセント・ヘレナ島で死去したコルシカ人が話題である。名前は抽象的で総合的な方法で、これら全てを意味するのだが、その名前が示唆する最も具体的な表象は、たえず同一なのではない。なぜなら、この男はブリエンヌ[9]からアウステルリッツまでと、アウステルリッツからワーテルローまでとで、変貌したからである。人格において持続する―あるいはほとんど持続

─────────────
8　ナポレオン軍は、アウステルリッツの戦い（1805 年）において勝利し、ヨーロッパ大陸に版図を広げていった。しかし、ワーテルローの会戦（1815 年）では大敗し、ナポレオンは退位した。
9　ナポレオンは幼少時ブリエンヌ兵学校の生徒であった。

する―もので、名前の語義を構成するもの、それは、抽象的で総合的な全体である。皇帝の運命をおおざっぱでたえず抽象的に認識する私たちにとって、名前の語義は、彼の歴史を初めて知る者にとってほどには変化しない。そのような者は、将軍のイメージ・執政のイメージ・行政官・法典の提唱者・称号に誇りを持つ学士院会員・皇帝・息子・兄弟・ジョゼフィーヌとマリ＝ルイーズの夫・神秘的な野心家・ヨーロッパの敗者等々のイメージを少しずつ組み合わせて、抽象的で総合的な観念を作り上げていかねばならないだろう。すでに知っている者にとっては、名前の語義は本質的にほとんど同一のままであり、ブリエンヌ兵学校の学童はすでに皇帝の素質を備えており、アウステルリッツの太陽はワーテルローの夜空のなかで色あせ衰えている。だが、私たちが何か新しいことを覚えるたびに、名前の語義は、新しい認識の重要性に応じて、明らかにあるいはぼんやりと変化するのである。

　誰もが、その語義が万人にとってほとんど同一のままである人物の名前に、自分の知識・感情・意見によって、異なる意味を与えている。「異なる人 esprit がよく理解せずともお互いに伝えあい共感できるのは、いくつかの抽象作用による」と気づくことが往々にしてあるが、このこともそのような機会のうちの一つである。固有名詞の意味、いわんや普通名詞あるいは命題の意味は、それがより抽象的であるほど、いっそう多数の人 esprit のなかで、実現される。人は、数学的な真実の方を、その真実が血肉化された具体的事実よりもずっとよく理解しあうものである。誰もが―あるいはほぼ誰もが―ナポレオンが実在したと信じている。だが、各人は自分の尺度に基づいてあるナポレオンを作り出し、またその社会集団や知識集団の尺度に基づいて、より抽象的なあるナポレオンを作り出すのである。精神が異なっていればいるほど、その精神に共通する観念は、具体的なものから遠ざかり、貧しくなり、衰弱するようになるだろう。抽象によって長い間保たれた本質的性格は、次のような場合に姿を消して終了することさえある。その場合とは、例えば、ナポレオンという名前がある有名人という以外ほとんど何も意味 signifier せず有名であるということ以外は何も的確に言えないような、無教養で無知な人々を入れるほどにまで、考

慮される集団を拡大する場合である。彼らはその人物〔ナポレオン〕の優れた性格のうちの一つを保っているとはいえ、もっと低次元に降りていくこともありうるだろう。

　普通名詞は本来固有名詞よりも抽象的であり、そのため、その語義はより厳密である。私たちが形容詞・動詞・前置詞を考察するなら、語義はさらに抽象的になる。しかし、語義がやせ細っても意味がほとんど拡がらない抽象語がある。これらの語については、示唆はほんの少ししかはたらかない。pas〔「〜ない」〕といった副詞、puisque〔「〜であるから」〕といった接続詞は、示唆の力が完全には奪われない。その証拠は、それらの意味が、それらの語が生きてきた過程で少しずつ変形され、ある側面の充実化と他の側面の喪失による以外には、現在の姿にはならなかったという事実のなかに見出される。とはいえ、そのような語は相対的にはあまり示唆的でなく、その語の本性や文脈とともに変化する力やその語の意味は、他の条件が同じであれば、その語義のどこからもはみ出しにくい。

　lumière〔「光」〕のような語は、─その語意の一つしか考慮に入れないとしても─それを利用する人により極めて異なる意味を獲得し、語義さえもがその人が属する集団によって異なっている。しかしながら、この語は万人にとって十分に明確でほとんど同一の、とても抽象的な語義を持っている。

　万人にとって、光は闇に対立し、人間が視覚によって対象を識別することを可能にする。この語の語義は万人にとってまったく同一である概念の全体を含んでいる。光について、生まれつきの盲人は眼の見える人と同じ表象を持たないであろうが、盲人の抽象的な捉え方は、眼の見える人の抽象的な捉え方と本質的に違わないであろう。

　この抽象的な語義を豊かにしようと試みるなら、相違が姿を現すことになる。語義に活力を吹き込み色づけすることになるあらゆる経験は、盲人には不可能である。しかし、盲人は、その代わりに、目の見える人たちには異質な印象や、大多数の目の見える人が知らない抽象的な観念で、抽象的な語義を複雑にすることができる。

12

　無学な人にとって、光は物理学者にとっての光と同じではない。疑いもなく彼らは二人とも光を闇に対立させることを知っているだろう。とはいえ、彼らはまったく同じやり方で、同じ理由で、そして、よく似た印象をもってそれらを対立させているのではないだろう。雑誌をぱらぱらとめくると、筆者は科学的知識の普及に関する論文のなかに次のような文をたまたま見つける。「私たち〔一般人〕は光〔という語〕を輝くものという意味で用いるが、彼ら（学識者）は『放射するもの』という意味で用いる。彼らが放射〔という語〕によって理解していることは、波動によって生じる一種の電磁的運動である…」[10]。そこにこそ、きっと、「光」という語の意味をよく知っているとすっかり思い込み、実際ある点ではその意味をよく知っている多くの人々に欠けている思考がある。

　この分野の諸事例は、人が語の本質的な語義と見なすものの部分まるごとにおいてさえ、人によって変化し異なるものがあることを、浮かび上がらせている。ある人にとって本質的に見えるものが、他の人にとっては副次的で取るに足らないものに思われている。光が「一種の電磁的運動」であるということは、大多数の人間にとってはどうでもよいことである。彼らにとって本質的なことは、光によって、自分がどこかの方向に進んだり、物体を見たり使用できるようになるということである。彼らがその名詞〔lumière〕を発音するとき、その名詞は、その質に対応する諸傾向しか彼らのなかに呼び起こさないし、きっと多くの場合、最も学識のある物理学者の場合でも同じである。心理学者や哲学者も、しばしば実生活のなかで、限定された通俗的なレベルの語義で語を用いるが、その語は、彼らの精神が自分の著作のなかにあるときには、彼らにとってずっと複雑な、異なる意味を持っている。同様に、diamant〔「ダイヤモンド」〕という語は、化学者にとっては、本質的には結晶化した炭素を指しうるが、他の者にとっては、特殊な破片でできた宝石であり装飾品であろう。にもかかわ

---

10 〔原註〕André Arnyvelde, A travers la science française d'aujourd'hui: Eux, nous et la lumière, La Revue mondiale, 1927, 1 août 1927. p.273.〔アンドレ・アルニヴェルド「今日のフランスの科学を通して：彼ら、私たち、そして光」『ラ・ルヴュ・モンディアル』1927 年 8 月 1 日号、273 ページ〕。

らず、化学者とお洒落な女性とは、ダイヤモンドのいくつかの特徴について、考えが一致するであろう。これらの特徴の重要性が両者にとってまったく同じというわけではないであろうが。どちらの人も、もう片方の人が知らない特徴の諸要素を思い浮かべる。あるいは、自分が認める諸要素の間で打ち立てられる重要度の順番が、同じではないのであろう。

　おそらく人々がそうしたくなるように、立派な辞書に掲載されている語の定義だけで満足することが必要だろうか。疑いもなく、辞書は、語の語義を知り補完し使えるようにするために、その辞書を参照するすべての人に同一の定義を提示するのだろう。各人は、その目的で使用する用語を、自分なりに解釈するようになる。にもかかわらず、辞書はその読み手たちの思惟を統合することに寄与し、そして、社会生活に有効に協力するだろう。だが、辞書は個人的相違を破壊しないだろう。上述の社交界の女性は辞書を引くことによって、また教養ある化学者は生活の経験によって、彼らが「ダイヤモンド」という語に付与する意味を豊かにできるだろうが、彼らは、自分の関心事が自分に抱かせた語義をほとんど変形しないだろう。また、彼らの捉え方における似たようなものは、かなり抽象的なままである。同様に、poule〔「ニワトリ」〕がキジ目に属する鳥であると辞書で読む料理人は、それだけのことでこの語の語義を変形しないだろう。この語は、その料理人にとっては、常に、しかじかの仕方で調理するのに適している家禽を示している。おそらく、彼女は、奉公先の家の息子が、かつて彼女が知らなかったような名前で彼の鳥を呼ぶのを聞いてもそれほど驚かないだろう。辞書は、人に何かを教えるあらゆるものと同様に、個々の相違の攻撃性や敵対性を減じ、それらの相違を弱めるが、消滅させることはない。

　語義に加えて、すべての側面またはただいくつかの点において語義を多少大きく超えて、意味が広がっている。それは、明瞭で安定的な境界線で区切られているようなことが一切ない、より大きな円なのである。人から人へ、同一の語においてもその境界は変化し、ある同じ人にとっても、獲得された認識・意

見・信念・感情の維持または変化によって、境界は変化する。境界は、言語と記号の関係に依存するというよりも、言語と示唆の関係においてより大きく変化する。

　ある人にとって語が直接に示すものは、他の人にとってそのようなものではないし、それは、第2領域の要素に他ならず、多かれ少なかれ重要で本質的な諸特徴に程度の差こそあれ緊密に結びついているが、それ自身は決して本質的でない。それは、言われたばかりのことから生じてくる。たとえば、ナポレオンの名前を挙げるということは、ある人たちには野心家を指し、他の人たちには、軍事的天才、あるいは偉大な組織者、あるいは「精力的な教授」、あるいは指導者つまり人々を訓練し従わせる人を指す。前者の人々がナポレオンが偉大な将軍であったことを知らないというわけではないし、後者の人々がナポレオンの野望を否定しようとしているわけでもない。彼らの注意が一つの特徴またはひとまとまりの属性に、より直接的に引き寄せられているということなのである。他の特徴や属性は、意識の薄暗がりのなかに遠ざけられている。それは、無意識のなかに沈み込むこともあるし、ときには消えてなくなることもある。そこにもまた、語の意味を変形させる原因がある。

　さらに明らかなことであるが、異なる人々 esprits を示すような、直接的な語義についてのこれらの差異が、状況に応じて、一人の同じ人 personne のなかで感じられることもある。直接的であってもなくても、一つの語で呼び起こされる定義・観念・感情は、年齢によって、また主要な関心事・意見・次々と起こる感情によって異なっている。語の意味は本質的に可動的なものであり、けっして絶対的に固定されたものではない。

　語義の一部をなす観念、あるいは語義と密接に結びついている観念に加えて、本質ではない他の観念もまた同様に存在する。そのような観念はしばしば、永続的もしくは可変的な一群の状況によって示唆される。それらの観念は、語によって示された全体の一部となることもあれば、副次的な位置あるいははなはだ低い位置を占めるにすぎないこともある。ナポレオンがそこそこ上手にチェ

第Ⅰ章　ポラン：語の意味とはなにか（翻訳）　15

スをしたことや、彼の二人の妻が彼に不実であったことは、ここではあまり重要な特徴ではない。しかしながら、それらの観念は彼の名前によって指し示される全体の一部となり、その名前の意味によって含意されている。それらは彼の名前のいわば本来的な語義の一部をなしている、と言うほかはない。人はそれらの観念を知らずにその語義の十分な観念を持つことができるであろう。

〔その一方、〕多かれ少なかれ偶然の接触によって、あるいは、一つもしくはひとまとまりの精神のみが形成することのできた特異な連合によって、語の意味のなかに導かれる別の観念もある。

繰り返される経験によって、その原初的な語義が carré〔「正方形」〕を想起させる cadran〔「（時計など丸い）文字盤」〕という語の意味のなかに、円周の観念が入り込んだ[11]。ここでは、経験は多数の精神に作用し、それらの精神を同じように方向づけてきた。しかし、会話のなかで、私たちあるいは話し相手が、個人的な表記や、ある語の意味のなかに本来必要でない特別な要素が導入されていることに気づくことは稀ではない。そのように導入された観念は、往々にして、厳密に個人的でもなく〔逆に〕ほとんど一般的でもなく、特別ではっきりと識別できるグループをうまく特徴づけている。

個人的な連想〔連合〕はしばしば、ときには独創的な、ときには馬鹿げた、そして無知に基づいた取り違えから生じている。そのような取り違えは、意味もしくは音声からの類推や、過度な心配事や、性格上の特徴や何らかの状況によって容易に生じる。この種の誤謬は、その起源が十分に明らかなこともあるが、通常長続きしない。しかしながら、語が compendieusement〔「簡略に」→「詳細に」〕のように意味を変化させる傾向を持つことや、mièvre〔「腕白な」→「わざとらしい」「甘ったるい」〕のように、まっとうな理由もなく意味をすっかり変えてしまうのを私たちは見てきた。ただ、これらの場合、変化の決定的原因は、厳密な個人的印象ではなく集団的印象のなかにあった。

婉曲的で部分的で限界のある意味や、新しい語義の兆しが、好都合な状況に

11　これらの語は quatre〔「4」〕と関連している。時計の文字盤に見られるように、四分割された一つの円として全体を表すことにより、「4」と「円」が関連づけられる。

よって、他の状況では不可能であるような完全な成功へと導かれるのを、私たちはたえず確認することができる。ある人たちにとって original〔「もとの」「独創的な」「風変わりな」〕という語は精神の軽い欠陥を指している。誰かのことを《c'est un original》〔「その人は変わり者だ」〕と言うときに、普通に受け取られる語意がそれである。他の人たちにとって、また他の場合には、その語〔original〕は、むしろ、思惟と行動との稀で個性的で興味深い有様を想起させるし、批判よりもむしろ賞賛をもたらすであろう。語の意味を構成する心理学的事実の総体において、異なる示唆的観念や印象がどのように引力の中心のようなものになるのか、また、語義がどのように移動するのかが、この二つの場合においてきわめてよくわかる。

　ある表象をある語に結びつける特異な優越的連合は、異なる価値と運命を持っている。多くの場合、この〔段階の〕連合は、個人またはこの連合が生まれた小さな環境をほとんど越えて行かない。〔しかし〕ときには、この連合はそこから外に出て幅をきかせることもある。そのような連合は言語をよく知らない人々に見いだされるのだが、彼らの間では、慣用や世に認められた権威によって定められた連合が強固に確立されたわけではない。逆に、それらを用いる作家や演説家個人の価値を作り出すような、他の連合もある。語から普通の語義を取り除き、それに思いがけない、その後使われることもない印象を結びつけることは、しばしば、優れたもしくは偉大な作家のすることである。ユゴーが「闇は、〔厳かな〕婚礼の気配に…」と述べ[12]、ミュッセが「不安げな春が地平線に姿を見せる」と述べ[13]、あるいは、ヴェルレーヌが「夕暮れがおりて来た、とりとめぬものの哀れの秋の暮れ」と述べるとき[14]、彼らは、少なくともしばらくのあいだ、おそらくはより持続的に、二つの語を連結しながらその意味を

12　ヴィクトル・ユゴーの叙事詩集『諸世紀の伝説』中の詩「眠れるボアズ」の一節。『ヴィクトル・ユゴー文学館　第 1 巻　詩集』辻昶・稲垣直樹・小潟昭雄訳、潮出版社、2000 年、153 ページ。
13　アルフレッド・ド・ミュッセの詩集『新詩集』中の詩 À la mi-carême〔「四旬節中日に」〕の一節。
14　ポール・ヴェルレーヌの詩集『艶かしきうたげ』中の詩「初々しい人たち」の一節。『ヴェルレーヌ詩集』堀口大學訳、彌生書房、1963 年、36 ページ。

豊かにし、彼らの示唆の力の強さ、効果そして質を高めている。他方で、筆者は、学識があるというよりは聡明で理知的であり、実際的で力強く積極的な精神を持つある人物と知り合った。その人にとっては、terre à terre〔「現実的な」〕という表現は、やや特別で際立った意味を持っていた。その言い回しは、『ラルース百科事典』に書かれているような「観念における高まりと広がりがほとんどない」ことを示してはいない。むしろ、綿密な正確さへの配慮、ディテールにおける的確さ、思惟の進行における確かさ、「科学的精神」によって理解されるものに十分近いひとまとまりの諸性質を示している。その言い回しは、大いなる尊敬のしるしとなっていた。なるほど、この新しい語義は普通の意味と必ずしも矛盾しないし、この語義はその〔意味の〕いくつかの要素を借用しつつ形成されえたと理解できる。しかし、これらの諸要素のうち他のものの消滅や、その精神に提起された新しい方向は、その言い回しをこの意味から極めて明らかに遠ざける。また、筆者が前述の人物より知的価値と学識においてかなり劣っているある若者が、自分が信じるようになった交霊術の理論への反論について話していたとき、彼が次のように言うのを聞いた。「もし…に気づくならば、その反論は廃用に陥る tombe en désuétude」。彼は、そのような言葉遣いによって、他の人々なら、その反論は「筋が通ってない ne se tenait pas debout」と主張することによって表明したであろうことを理解していた。そのような示唆が tomber〔「陥る」〕という動詞によってもっともらしく作用していることは理解できる。一方、en désuétude〔「廃用に」〕という語は、おそらく衰弱や法的な放棄という印象以外に、彼らの精神に何ら明瞭なことを示さない。衰弱や放棄というこの印象は、その慣用句の通常の意味に適合しているうえに、その男性がその句に付加した新しい意味にも適合している。この種の取り違えが、ある特定の環境において広がることがあり、最後にはある言語に押しつけられることがあると、私たちは信じざるを得ない。

　語の意味の諸要素は知的事実・イメージ・観念だけではなくて、感情的事実、つまり、種々の印象や情動や感情でもある。私たちは前述したことのなかでそ

れを暗に認めてきた。人は言語の知的側面しか見ない傾向があまりに強かった。そして、ミシェル・ブレアル[15] は「主観的要素」と彼が呼ぶものについて主張しているが、それは正鵠を得ていた。彼はそこに言語活動のある本質的部分、そして疑いもなく「残りのものがそこに付け足された本源的基礎」を見ているのである。だが、彼はその表現を、ことば langage を使用する者の意図という意味で使っている。〔一方〕筆者としては、受け手の、つまり聞いたり読んだりする人の印象や感情を、そこに積極的に付け加えるだろうし、少なくとも同じ程度に考慮するであろう。それらは、話し手であれ書き手であれ発信者のものとは大いに異なるものとなりうる。

その上、筆者の見解では、知的事実と感情的事実の関係は、必ずといってよいほど正しく評価されてこなかった。それらの諸事実は分離されえないものであり、すべてが傾向の動き jeu の兆候と要素であって、解きほぐせないほどに結びついている。また、それらは、人が注意することさえなく、しばしば相互に取り替えられるのである。そして、筆者は、ここでは、語というものを、上述の説明のために、すべての人を満足させることはない普通の意味で取り上げている。もし、それらの意味を厳密に定義するなら、人は、意味については、いくつもの観点からたえず観察されうる、同一の事実の異なる側面しか見ないように仕向けられている、と筆者は思う。

情動の次元の事実が語の厳密な語義のなかに入り込めなくても、これらの事実は意味の最も大きな円のなかに入りうる。たとえば、私たちが知っているある人の名前は、しばしば私たちに共感あるいは反感・評価あるいは軽蔑・疎遠あるいは愛着の諸感情を惹き起こすのであるが、それらは私たちにとって、いわばその名前の意味の構成要素をなしている。

以上のことは普通名詞についても同じである。その結果、同一のことを指し示すために私たちがいくつもの語を持つようになるのだが、その際、感情的ニュアンスや、異なるイメージと異なる能動的な傾向をも伴う。俗悪で、粗野で、無礼で、あるいは、単にくだけている語もある。また、同じ語義を伴いつ

15　ミシェル・ブレアル（1832-1915）はフランスの言語学者。メイエの師。

第 I 章 ポラン：語の意味とはなにか（翻訳） 19

つも、科学的・文学的・社交的な意味の語もある。「胡椒と塩」の顎ひげ[16]は「花
のような〔白〕ひげ」とまったく同類であるが、前者の語は叙事詩に登場する
シャルルマーニュ[17]にはあまり似つかわしくないだろう。科学的な名称なら発
音されてよい状況で、卑俗な名称が用いられてはならない器官や分泌物がある。
どちらの語義もまったく同一であるが、それらの意味は異なっている。副次的
な観念、間接的に思いつくイメージは異なるものとなりうるし、印象、とりわ
け情動・呼び起こされた傾向はもはや同一ではない。そして、このような理由
で、人は状況によってある語の使用を避けたり追求したりするのである。社会
的影響は、言語活動を規律づけるためにも介入し、ときには正当な、あるいは
場違いな応答を引き起こす。そして、この影響は、語の意味に新しい観念や新
しい印象を浸透させながら、語の意味をさらに複雑にし、分化させるようにな
る。ユゴーが「もっと元老院議員の言葉 mots を、もっと平民の言葉 mots を」[18]
と声高に言うのは、まさしく間違っていた。確かに、ある場合に低俗あるいは
くだけた言い回しを用いて何らかの強い効果を得ることは、可能であるし、き
わめて正当である。しかし、一方で、この技法は危険なしにはすまないし、他
方では、その技法が自分自身の価値を護るのは、「元老院議員」の言葉 mots と「平
民」の言葉 mots が実際にあるから—そしてそのような言葉は、文語がある限り、
いつでもありそうだから—という理由によってでしかない。状況や人物や社会
的環境によって「平民」の言葉 mots が要求されるときに「元老院議員」の言
葉 mots を使用することは滑稽である、というのもそのためである。これにつ
いて何かの事例が求められるなら、やや忘れられてはいるが、『ウィリアム・
テル』の台本のなかに秀逸な事例が見出されるであろう。

　ある語に対しては、ほぼ必然的に、感情に関わる本質的語義が結びついてい
る。もしどんな感情的印象も、あるいは印象そのものと本質的には違わないそ

16　白髪混じりの顎ひげのこと。

17　フランク王国の国王（在位 768-814）。「白ひげの大帝 empereur à la barbe fleurie」と呼
　ばれていた。叙事詩は、中世フランスの代表的な武勲詩『ロランの歌』を指す。

18　ユゴーの詩集 Les Contemplations〔『静観詩集』〕の Réponse à un acte d'accusation の一
　節。なお、ユゴーの詩では mots は単数形（mot）となっている。

の印象のイメージも、語に伴うことがないなら、その語は理解されないだろう。「恐怖」とは、「恐ろしいもの、あるいは、極度に身にしみるものによって起こされるおびえと戦慄」と『ラルース百科事典』には書かれている。ここに、定義のなかに含まれる感情的印象がある。『ラルース百科事典』では、Canaille, vile populace〔「悪党：卑しい下層民」〕というように、定義のなかに感情的な表現が含まれている。この二つの用語は、一種の情動的判断による以外には、ほとんど理解されえない。たくさんの品質形容詞がもともとこの場合に含まれる。すなわち、bon〔「良い」〕・vertueux〔「徳のある」〕・ridicule〔「滑稽な」〕・redoutable〔「手強い」〕・effrayant〔「ぞっとする」〕・charmant〔「魅惑的な」〕等々は、とりわけ、それらが惹き起こす感情的状態、およびそれらの語義に対する本質的な感情によって、価値を有するのである。

　限界を感じさせるとはいえ、よく見られるある事実が—それは注意深い検討を要するが—語の意味への、および語の語義そのものへの、感情的要素の導入をよく表している。その事実とは、語が一定の印象については表現する力がないことに人が不満をもらすということである。「どんな言葉mots がその力を描写できるでしょうか？」[19] と、エルザはローエングリンに惹かれる自分の感情を表現するために歌っている。だが、「私は私の気持ち émotion をあなたにどう伝えたらよいかわかりません。… この情景の美しさを言葉mots でどう描写すればよいかわかりません」というような言い回しほど月並みなものはない。ある感情が語を超えているように思われるとすれば、それは明らかに、他の感情が語によって表現されているからなのである。語の力を試したことがなければ、語の無力さに不平を言おうとは思いもしないだろう。だが、数学の言語 langue が異なる大きさの観念を与えるために私たちに提供している資源〔諸用語〕に比肩するような資源を、私たちは、強さの異なる感情を呼び起こした

19　ローエングリンはリヒャルト・ワグナーのオペラ『ローエングリン』の主人公。エルザは彼に恋する姫。邦訳（アッティラ・チャンパイ、ディートマル・ホラント編『ワーグナー　ローエングリン』高木卓・宇野道義・西久保康博・三瓶憲彦・山地良造訳、音楽之友社、1990）によると、これらの引用部分は、第3幕第2場「これがただの愛でしょうか。ですけど、なんといったらいいのかしら。おおこの言葉、なんともいえずにこんなに喜びにあふれる言葉」（117ページ）のあたりに相当すると考えられる。

めに、はっきりとは持っていない。

　しかしながら、語の無力について不平を言うことは語の無力に助けを与える方法であり、語の力を否定することは語の力を回復するか創造する方法である。こうして、かなり奇妙な回り道によって、回復できないと断言されるものが、回復されるのである。inexprimable〔「表現できない」〕というような語、さらには ineffable〔「言いようがない」〕というような語（その正確な語義が前者の語より不明瞭なために示唆的性質がより強い）は、その一語だけで前述の言い回しに取って代わることができる。そのような語は、その価値が希望通りの高みにも上昇しうる一種の不確定な最上級となり、また、特に珍しく繊細で並外れた本性の故に、いかなる語によっても喚起されえぬとみなされるあらゆる感情、あらゆる現実性を表現する。この技法の不都合は、それが簡単すぎて月並みになりやすく、そのためその効力を失うことである。

　語によってほのめかされた感情は、純粋な知的理解の対象でありうると言えるのだろうか。私たちは怒り狂うことなしに激怒を、愛に心を動かされることなしに小説の主人公の激しい恋心を想像することができる、と言うことができるだろうか。いったい、人がどのような程度にも、どのような形式のもとでもその感情を実感しないとしたら、あるいは、その感情が結びついている傾向を自分の内に秘めていないとしたら、人は感情についてどのような観念を持つのであろうか。人が感情を実感しても、人が単にその感情に適合する漠然とした欲求を持つだけであるなら、呼び起こされる表現は乾燥し、抽象的で色あせたままであろうが、表現はたえず感情的性格を保っているであろうし、たえずある一つの傾向を指し示すであろう。さらに、あらゆる傾向は本質的な要素として誘引あるいは反発を含意しているので、私たちは、多くの場合、自分のなかで自然発生的には決して結びつかなかった対象についての観念を誘因や反発に連合させることによって、経験したことのないような感情を理解することができるのだろう。劇場において、実体験がないにもかかわらず、自分自身の感情と類似する喜びと苦しみに心を動かされる観客に届くものはすばらしい。この観点から、すべての語の意味のなかに何らかの感情的要素が入り込むと言わね

ばならない。なぜなら、この点において、何らかの傾向に結びついておらずその諸要素を呼び起こさないような語は一つもないからである。極度に抽象的な観念や、人が望むような無味乾燥でむき出しの表現は、何らかの誘引または反発がなければ機能しない。もし、そのような観念や表現を引き起こすものが外的客体ではなく、多様な行為への意図でもないとすれば、それは少なくとも他の観念である。知性はそれ自身の欲求と情熱を持っている。

　語の意味のなかに入り込む感情は、人 personnes と状況とによって極めて多様になる。ある人々 esprits に生き生きと印象を与える語は、他の人々を無関心あるいはほぼ無関心にさせておく。無関心な人々は、強い印象を受けている人々と同じ傾向を持たないか、あるいは、行為に向かうそのような傾向を様々な状況が妨げているのである。この差異はしばしば少しばかり不当な判断をもたらす。その卑俗さや無粋さによって繊細で上品な人々の気に障るような言葉遣いは、卑俗で無粋であることへの意図や意識をも必然的に表すものではなく、また、そのような性質の感情をいつも表現しているわけではない。パリのある大通りを歩いていたある日、筆者は、ある若い娘が彼女を見ていない若い男に近づき親しげに会釈するのに遭遇した。彼は立ち止まり、彼女を注視し、そして彼の唇に上がった語は、カンブロンヌの英雄的行為を有名にした一言 motであった。彼はそうすることでむしろ快い驚きを伝えていたのだと筆者は信じている[20]。

　語義の領域は相対的に狭いが、私たちが見てきたようにその領域は時々移動する。意味の領分は広大で、ほとんど限りがない。さらに、そこに第3の領域を発見することができる。また、もし図式的な表現を好むなら、前の〔二つの〕ものを取り囲む新しい同心円によって、その領域の図を描くことができる。私たちはここで意味のおぼろげな境界におり、ここに現れているすべてのものがその意味に属しているとするしかないのである。それは、どのようにかはわか

20　ピエール・カンブロンヌ (1770-1842) はワーテルローの戦いの軍人。彼の発した《Merde!》〔「くそ！」〕という言葉が有名。

らないこともあるが、ある思いがけない出会いが持つ、ある語から連想〔連合〕
された観念や印象やイメージである。それらは不意に訪れ、おそらく素早く去っ
て行き、もうふたたび現れることはない。あるものは、まさしく気づかれるこ
となく訪れ、注意を引かず、それらが到来したときと同じくらいひっそりと帰っ
ていく。他のものは、別の運命をもち、まったく不当に入り込んだところの意
味にしがみつき、ついには自分が強奪した場所に留まる権利を獲得するだろう。

　しばらくの間であっても、私たちの経験を豊かにし、新奇な仕方で私たちの
感受性を鍛え、新しい意志と特異な行為とを決定したばかりのすべてのものが、
こうして、語の意味を複雑にしうるのである。そのとき、そのすべてのものは、
心の状態や、その語が示すいかなる現実をも、さらに複雑でさらに不均質にし
ているのである。このことは、心理学的生活において、概して大きな関心をひ
く側面ではないしそれほど現実的ではない。

　私たちの観念を貧しくするもの、どのような方法であれ私たちの観念を変形
するものは、まさにそのことによって、観念を表す語の意味を変形する。この
ようにして、メイエ氏 [21] が指摘したように、ある語は意味を変えるのである。
なぜなら、語が示す現実そのものが変化したからである。しかし、今のところ
はその意味の性質のみを考えることとし、その変形については考えないことに
しよう。

　軽い錯綜や、たまたまある語に加わる、しばしばほとんど持続性を持たない
偶発的な連想〔連合〕については、それらが一生の間にはっきりわかったとこ
ろで、一般にはまったく無益であろう。そうした連想〔連合〕は、語の意味の
なかにほとんど定着しないし、ほとんど意味に手をつけない。連想〔連合〕さ
れている語によって私たちが理解しているものをたまたま明確にしなければな
らないとしても、私たちは偶発的な連想〔連合〕について述べることはないだ
ろう。

　それにもかかわらず、状況を利用して根を張ることができるようなイメージ
や観念もある。ある種のダンプカーを galère〔「ガレー船」〕という名で呼ばせ、

21　脚注 2（5 ページ）参照。

24

筋肉をネズミやトカゲ[22]にたとえるように仕向けた知覚・イメージ・そして気ままな組み合わせとは、どのようなものか。おそらく、それほどまで異なったイメージを結びつけた最初の連想〔連合〕は、そもそも概念を変えなかったし、概念を示す語形も語の意味も変えなかった。明確に指し示すのは難しいが私たちが経験した既知の事実に基づいて想像できるような心理的社会的状況によって、それらのイメージが生き、意味や特定の語の語義さえ修正し、語源が忘れられたり語源の形跡がほとんど保たれないくらい十分長生きするであろう新しい用語が登場した。それほど合理的で、それほど効果的であり得ただろう膨大な量の連想〔連合〕は、姿を消してしまったか、感知可能な効果のないままどんどん消えていくのである。だが、いくつかの連想〔連合〕が発展して活動できたならば、言葉の意味が問題になるときには、それこそがこの第3の領域になんらかの関心を引き起こすものなのである。その第3の領域から、なにがしかの要素は時々第2の領域へと移行することができ、さらに第1の領域までも移行することができる。他の要素が、第1の領域から出ていき、そこから遠ざかり、衰弱し、ついには消滅するのと同じように。

Ⅱ　語の意味と諸傾向

　語の意味は、その語が理解されている限りにおいて、その語によって表象される現実—外的客体あるいは心の状態—が呼び起こすことのできるであろうあらゆる本性の傾向性の目覚めであり、かなり弱々しい場合も多いが、そのような傾向性の活動である。そうした傾向性の目覚めは、多様な外観を帯び、ときには誤解される。また、その目覚めは、それらの傾向の鋭敏さ・強さ・推進もしくは抑制の程度に従って、イメージ・観念・情動・行為への態勢準備 dispositions といったかなり異なる事実を伴う。しばしば、傾向のいくつかの要素は単独で現れる。それらは抽象的な観念であり、ほとんど知覚されない表象である。そして—それらは読む過程あるいはやや速度の速い会話の過程で生

22　腕立て伏せを行うときの姿勢はトカゲの形に似ている。

まれることが多いのだが―活動的要素はとても見えにくいので、それが常に見えるわけではないし、その理解はほとんど自動的となる。したがって、理解が停止するときでさえ、その理解は続いていると人は思ってしまうのである。また他の場合には、逆に、生き生きとした表象と強い情動が理解していることを示し、その理解を成し遂げる。そして、ときとして、それらの表象や情動は、その人らしい構え方 dispositions に適合した行為をただちにもたらす。仮にporte-plume〔「ペン軸」〕という名前を言ったとしても、筆者は、理解するために視覚のイメージや触覚によって何か一つのペン軸を思い浮かべたいとは思わないし、私のなかに書きたいという気持ちが生き生きと呼び起こされるのを感じるわけでもない。だが、書こうという傾向、そしてその傾向に付随しその傾向の要素となっている様々な事実の全て、つまり知覚・イメージ・動き・無意識の活動が、その語を聞くと、現実には至らずとも現実により近くなる。そして、筆者は、それらがそこにあり筆者の意のままになっているのを漠然と感じる。かなり複雑な一つの態度がわずかに姿を現す。その態度は実現されるというよりむしろ準備されるのである。

　問題になっていることが、もはや使い慣れた道具や物体についてではなく、よく認識されていない道具、あるいは抽象的観念や感情についてであるなら、心的プロセスの現れ方は変形されるのだが、その本質的な性格はそのままである。それは、たえず、理解される語が定めるいくつかの傾向の、少なくとも部分的な目覚めである。これらの傾向は、気づかれることなく通り過ぎて行くこともあり、荒々しく爆発することもある。そのような傾向の種類はその本性・力・鋭敏性に、また同じく、傾向が出会う障害あるいは容易さに依存している。

　そうした傾向が語の働きのもとに発展しないときも、その傾向の諸要素のいくつかは少なくとも活動を始め、それらの傾向が作用し始める可能性が高まる。それらの傾向の力はより間近なものとなり、活動の開始が準備され、促進される。そうした心的作用は感知されるほどのものではなく、しばしば気づかれずに終わるのだが、その作用が生じれば十分なのである。その作用は、意識がそこに介入しているときでも、抽象的か漠然としているかよく認識されていない

26

印象や、筆者が別のところで[23]研究した心理的統合の知覚による以外には、意識に現れないことも度々ある。そうした知覚は私たちを安心させ、私たちが、理解していることについての明瞭な意識を持つことなく理解しているということを、暗黙のうちに認めさせている。そして、私たちは知性の自然発生的で若干自動的な活動に身をゆだねることができ、その活動を継続させるということが、知覚によって私たちに明らかとなるのである。そうでなければ、知覚が私たちを騙すこともあろうし、幻想を含むこともかなり頻繁にある。また、人々は、自分が聞いたり読んだりしていることを理解していると、誤って思い込んでしまう。

　理解の作用が失敗する・語が不活発なままである・語と思惟との歯車が噛み合わない、といった事例を検討しながら、理解の作用についての私たちの観念を明確にしてみよう。私たちは、上の空で聞いたり読んだりすることがある。それから一瞬の後に、私たちの思惟は書物に戻っていく。私たちは、読んだ語が、有効性も延長もない単純な見たままの知覚による語のままであることを再認識する。そうした語は、読書から私たちを逸らせる一連の思惟が語の傍らで展開されている間、精神のなかに入り込むことなく、精神をかすめただけなのである。精神は眼に従わず、語は、それが提案していた態度が受け入れられることもなく、次々続いていったのである。眼の働きはおよそ役に立たず、その効能はほとんどなかったのだ。ほとんどと言うのは、いくつかの語や文は、私たちがそれらに注意しなかったのにある傾向によって通りがかりに引っかかることができたのであるし、そのようにして私たちのなかに何らかの痕跡を残しただろうからである。おそらく、ある文が私たちにショックを与えたならば、放心して街路樹にぶつかる散歩者が外界に連れ戻されるように、私たちは書物に呼び戻されるであろう。だが、起こったことを正しく知ることは困難であるし、傾向のわずかな手がかりがまさに現実のことでありえても、それらの手がかりはしばしば取るに足らないものである。

23　〔原註〕La Revue philosophique, 1921.〔『ラ・ルヴュ・フィロゾフィック』1921 年〕に掲載の論文。

語は、まったく理解されなくても誤って聞こえても、何らかの精神活動をたえず起こさせるのであるから、理解とは、絶対無価値であるということはないが、けっして完全ではない。すなわち、私たちは語の潜在性を汲み尽くすことはできず、私たちの観念はあまりに不完全であって、私たちの傾向性はあまりに稀で、あまりに貧弱なのである。しかし、理解は、完全には常にほど遠いが、多かれ少なかれ完全に向かって行きつつも、その道程の様々な点で止まることがある。私たちが皆様々に異なる語・文・章・書物をまったく不均等に理解しているということに、私たちは気づくことができたのである。私たちは同様に、ある人たちが他の人たちよりも、ずっと多くずっと見事に理解していることを知っている。抽象的もしくは具体的な用語も、固有名詞あるいは普通名詞も、形容詞も、間投詞も、それらの可能な意味のすべてを私たちに明らかにすることはけっしてない。だが、数学者が数学を知らない者よりも「三角形」という用語の理解が足りないということはないだろう。呼び覚まされ活動のために準備される傾向は、現実のもしくは潜在の態度・イメージ・観念・行為への準備を伴って、より数多く、正確で、豊かで、繊細でよりよく体系化されたものになるだろう。しかしながら、語が単純な音あるいは一種の図案にならないであろうようなすべての人のなかで、また、語をある程度は実際に理解するあらゆる人にとって、何らかの似たような傾向が活動へと誘われるであろうし、それは概して語の抽象的な語義を構成する傾向である。

　理解は、他方で、一般に理解していると思われているより、はるかに繊細で変化に富んだ操作である。ある語の一般的で普通の意味を知ることと、語がしかじかの文のなかやしかじかの状況にはめこまれているときに、しかじかの人の口のなかあるいはペンの下でその語が取っている意味を知ることとは、かなり異なった事柄なのである。

　語を用いる人がその語に与えている意味でその語を理解しなければならないことは、一見して明らかである。そしてもし、ことば langage を扱うときに、語はたえず普通の意味を保っているとか、語の使用において個人ないし狭い範

囲の集団に特有な変異、うっかり間違い、あるいは何らかの理由による意図的な逸脱といったものが生じないとかを想定するようなことがあまりなければ、先程のように言うことは、いかなる点においても有用ではないだろう。しかしながら、人にとっては自分自身がなじんでいる用語でさえ理解するのがしばしばいかにも難しく、自分自身がその用語をしょっちゅう用い、その用語にある特定の意味を付与する頑強な習慣が身についているだけに理解がいっそう困難になるということもある。そのようなことを垣間見るには、哲学の語彙、その語彙の使用に伴って次々と生じる誤った解釈、そこから生じる根拠の誤った議論や反駁について考えてみれば十分であろう。語は、ある対象、定義された抽象概念、何らかの客観的実在を表す以前に、語を用い、そのように理解してもらうべき人の精神の状態や、その語の使用がしかじかの意味において提起しうる諸批判に対してなされるすべての留保条件を表す。だが、そのような批評を適切に定式化するためには、ときにどれほど異常になり得ようとも、まずはその意味を知っておかねばならないのである。

Ⅲ　全体の視野

　語の意味は、したがって、複雑で動きのあるものであり、個々の精神によって、そして同じ精神ならその精神の状況によって、たえずある程度まで変化するものである。その〔意味の〕領域はあいまいな境界しか持っておらず、それがどこで始まりどこで終わるべきかを正確に指摘することはできないだろう。この領域は、何よりもまず、抽象的で相対的に正確で相対的に安定した語義を含んでおり、これ〔語義〕は、多くの場合、すべての人々esprits あるいは少なくとも大多数にとって、またとりわけ、この語義に関心を抱きこの語義を習得しようとしてきたすべての者にとって、明らかに同一のものである。「三角形」という語は、幾何学の初歩的な知識を持つ誰にとっても、あるいは、切り取られた三本の線によって閉じられた図形の名を呼ぶのを見たり聞いたりしただけの誰にとっても、明確な語義を有している。この語義は、万人にとってほ

とんど同じであるが、三角形の観念において、直線についての明確な概念を介在させない人にとっては、少し広いものとなる。ある側面において、それ〔語義〕は複雑化するが、（抽象的な語義として）狭くなるとも考えられる。つまり、三角形が曲線で形成されていると考えている人々（彼らはそれを知らない人にはわからないような正確さと識別の力を持っている）にとって、また、さらには三角法を学んで三角形の辺の関係を見積もるために初歩の幾何学の公式とは別の公式を知っている人々にとって狭くなる。だが、その中心となる核の周りに、すなわち固有の語義の周りに、その語の意味は、様々な傾向と種々の観念のグループを作る。小学生にとって三角形は学習の主題であり、学ぶべき授業と解決すべき問題の機会であろうが、測量士にとって、三角形は土地測量に関係する観念と傾向を呼び起こすであろう。以下同様である。様々な状況は、要するに、その語の放射状の広がりのなかに、様々な印象・様々な観念・様々なイメージを入り込ませる。すなわち、ギリシャ神殿のペディメント[24]、エジプトのピラミッドの輪郭、ある容器の形、田舎風の煙突の上にある向かい合った二つの瓦の輪郭線などである。そして、偶然に、それらのイメージの一つが精神のなかに刻印され、一つの中心となり、その語の意味と語義を構成するイメージのうちのいくつかとは別に、古い意味と語義のいくつかの要素しか保っていない新しい語義を組織する。このようにして、triangle〔「三角形」〕は、楽器の一種になったり、船舶用語で「旗」になったりするのである。

　とはいえ、筆者は比較的単純な事例を選んだ。そのようにした目的は、意味の複雑さ・その活動・意味の振動や永続的な運動と呼びうるものを示すことであり、いかにして、観念やイメージや傾向が次々と意味に出入りし、状況によってはもとに戻り、互いに追い払ったり置き換わったりするような、多少異なっていてもいくつかの共通の要素によって結びついているグループにまとめられるかということを示すことである。そうした複数のまとまりが、持続したり溶解したりする原初的な意味からはずれて、派生的だったり、比喩的だったり、より口語的だったり、より学術的だったり、より具体的だったり、より抽象的

24　三角形の切り妻壁のこと。

30

だったりし、様々な運命を持ち、重要性が不均等で持続期間も多様であるような〔複数の〕意味を形成する。例えば、homme〔「人間」「男」〕という語を考えるなら、常に同じ語で結局同じ抽象的な現実が問題になっていても、それらの意味の多様性はさらにはっきりと見えてくる。抽象的な語義は多数の、ときには両立しない意味に具現化される。一万人のhommesの増援を要求する将軍は、博物学者が与えるようなhommeの定義についてほとんど考えない。将軍にとってはhommeとは「霊長目の哺乳類」ではなく、戦闘員になりうる者のことである。hommeは男性に属する、あるいは、女はhommeとしか結婚できない、と言うとき、homme〔「男」〕はfemme〔「女」〕にはっきりと対置されている。だが、すべてのhommeは死すべきものであると明言するときには、同時に、すべてのfemme〔「女」〕もそうであると明言している。そして、その語〔homme〕は、「人間存在être humain」という本質的で抽象的な語義しか保持していない。その語は、女性のみならず、身体障害者・老人・精神異常者・病人をも指しており、前述の将軍はこれらの人々をhommesとはみなさないであろう。そして、誰かのことを「その人はhomme〔「男らしい男」〕だ」と言ったり、ある女性について「彼女はその家族でたったひとりのhomme〔「男」〕だ[25]」と言ったりするとき、その語にさらに新しい意味を与えているのである。それらの意味は、原初的な普通の語義から離れている。

　語を使用する者・語を聞いたり読んだりする者・そして語が用いられる状況によって帯びる数えきれない意味のうちのいくつかを集める楽しみは、容易に味わうことができる。もし最小のニュアンスを考慮に入れるなら、語の意味は絶え間なく変形し、一つの語は一つの意味しか持たないのではなく、それは実際、用いられる回数と同じ数の意味を持っている、そして、潜在的には、いわば当然のこととして、無数無限の意味を持っていると考えることができる。

　言語活動を思惟に厳密に適合させたいのならば、語形を無限に変化させ、語に新しい接尾辞や新しい接頭辞をつけ加えなければならないだろう。また、ふと比較したい欲求を抱くような異なる用語同士の特殊な関係を指し示す〔ため

25 「男のようにふるまう人」という隠喩的な用法である。

第Ⅰ章　ポラン：語の意味とはなにか（翻訳）　31

に、別の〕用語を創造せねばならないであろう。前者の方法は、その意味が最終的に必要となった何らかの接尾辞を用いて、例えば縮小辞・拡大辞・軽蔑辞を形成する際に時々用いるものである。イタリア語、プロヴァンス語は、この種の言い回しに富んでいる。そして、後者の方法は、とりわけ、その本性と役割が十分に明らかな、精神のゲームの一種である。ただし、しばしばそれは取り違えの結果である。forcené〔「怒り狂った」〕という語はこうして、まったく不幸なことに、狂気の意味と力の意味を結びつけてきた[26]。〔一方、〕シラノが、自分の友人をかばって、リーズに「寝取られ亭主なんて物笑いの種ridicoculiser は許せねえ。」と言うとき[27]、彼は筆者が指摘している手法を用いている。

　話しことば langage parlé は、少なくとも一つの点において、書きことば langage écrit、とりわけ印刷されたことばよりも、ことばの思惟への正確な適合という理想に近い。話しことば parole は書きことば écriture よりも自由であるし、それ〔話しことば〕は、より容易に、またずっと忠実に、消えていく思惟の捉えどころがなく動いていく数限りないニュアンスを表現することを可能にする。ただし、その反面、話しことばは、書きことばほどの決断や的確さを持たずに、その思惟の本質的な輪郭を決めてしまう恐れがある。話しことばは、より多くの親密さ、より大胆な革新を許容する。口調、アクセント、発音の相違もまた、少なくとも部分的には、意味の相違に対応している。もし、一つの同じ語 mot が、異なるイントネーションと屈折〔語形変化〕で発音される実際の語 mots と同数の語になるとみなそうとし、また、正確には一致しない意味を、それらの語が共に保っている相似や意味的要素があるにもかかわらず、違った意味であるとみなそうするのであれば、実際に使用される語の数は、意味の数に近づいていくことになる。

26　forcené は force〔「力」〕と語形が似ているので意味が結びつけられやすいが本来別の語彙である、ということを指していると考えられる。
27　エドモン・ロスタン作『シラノ・ド・ベルジュラック』第2幕第4場。渡辺守章訳、光文社、2008年。シラノは主人公。リーズは登場人物の女性。ridicoculiser については、同書に次のような訳註がある。「原文では ridicoculiser であり、ridiculiser〔笑いものにする〕という動詞の内部に cocu〔寝取られ亭主〕をはめ込んだ造語だが、よく効いている」（410ページ）

だが、言語活動が話者の思惟に適合せねばならないとすれば、言語活動は社会生活の必要性にも適合せねばならない。個人的変異は社会生活によって一つも消去されないが、これらの変異は抑制され、さえぎられ、抑圧され、無抵抗になり、ほぼ無効になる。その上、その本性は精神間の相違のためにしばしば過小評価されている。そして、ほとんど永続的で、その変異のもとに存在するほとんど同一である抽象的価値、少なくとも非明示的には万人にほとんど受け入れられている語義を認識する必要がある。

このように、語の意味とは、いわば、人がその語に積み込む全ての意味の組み合わせであり、可能な限りにおいて、それらの組織的な総合なのである。語は、今このときの意味を持ち、語を使用する人と語を受け取る人がその語に与える意味を持ち（前者と後者ではその意味が同じではまったくないが）、また、各自の置かれる状況や態勢に応じて別のときに割り当てられるかもしれない潜在的な意味を持つ。公的な意味は、これらの異なった意味の、一種の凝縮的、総合的な要約なのであろう。この公的な意味は、それが持つ相対的な重要性を考慮に入れるものであり、また、場合によっては、本質的で抽象的な定義に還元されるものなのであろう。

それにもかかわらず、公式的かつ社会的な、相対的に同形で固定されているこの意味は、精神を縛りつけることはできないだろう。しばしば意外な変異が、ときには運よく、そこから〔語の〕使用を変形あるいは増加させる。厳密に定義づけられることを知らない境界、各人がときとして飛び越える境界を変形することは、しばしば後が続かないにせよ、天才の特権の一つであるし、たまには、凡庸か愚鈍のなせるまぐれということもある。

しばしば、定義の周辺に、やや別に組織される観念のまとまりが〔複数〕形成される。他のまとまりから、とりわけ、本質的な核から完全に切り離されることはないが、それらの観念は一種の独立性を獲得している。楽器のトライアングル〔triangle「三角形」〕は、その三辺が互いを特徴づけてはいても、幾何学が合同条件を研究するような三角形とは、もはやあまり関係がない。このよ

うな、イメージや観念や傾向の二つのまとまりは別々であるが、双方がある同じ抽象を含んでいる。同時に、それらは結ばれ続けている。これら異なる観念のまとまりが異なる体系に十分明確に組織されない限り、それらを示す語は一つの意味しか持っていないように見える。それらがより決然と分離されるとき、語は複数の意味を持つと言える。そして、それらのあいだで、しばしば一つの固有の意味と派生的・比喩的・口語的等々の意味とが区別される。しかし、異なる人々がある語を使用するや否や、たった一人の人が異なる状況のなかで同じ語を使うや否や、さらに、ある人が語を書いたり発音するのと同時に他の人がその語を読んだり聞いたりするや否や、語は知らないうちに複数の意味を帯びるようになる。まさしく発音された瞬間に、それを発音する人 esprit のなかで、その語の意味が変形し始めるのかもしれないのである。

語が公式に複数の意味を持ったとき、筆者が一種類のシェマで提示しようと努めてきたその現実が増殖することに、私たちは気づく。その現実とは、ほぼ安定した一つの定義が、観念・イメージ・行為への態勢準備のまとまりに囲まれて形づくられた全体である。少なくとも心理的事実の三つの異なるシステムが、こうして「三角形」という語のまわりに潜在し、抽象的な三辺の概念そのものを埋め込んでいるのである。

この抽象的概念は、少しずつ消えて、めったに思い起こされないかもしれないし、ある場合には消えてなくなるかもしれない。すると、概念のまわりに形づくられた傾向のまとまりの分離は、強調され、ほぼ完成する。「悪い絵」という意味での croûte〔「下手な絵」〕は、「堅くて焼くとカリカリになるパンの外側」という意味の croûte〔「パンの外皮」〕と、もはやまったく共通性を持たない。これら二つの間の移行は「もはや色彩の雑な層しか見えない、黒ずみひび割れした古い絵」[28] という意味によって確立されているように思われる。だが、第 1 の意味と第 2 の意味に共通部分があり、第 2 と第 3 の意味にも共通

---

28 〔原註〕ハッツフェルド、ダルメステテール、トマ編 Dictionnaire général de la langue française, 1890.〔『フランス語大辞典』1890 年〕
〔訳註〕この辞典の正式名称は、Dictionnaire général de la langue française du commencement du XVIIIe siècle jusqu'à nos jours, précédé d'un traité de la formation de la langue.

34

部分があるとすれば、第3の意味は第1の意味を何らとどめなかったと推定できる[29]。

同じ語のまわりにグループ化された異なるシステム間の関係は、とても多くのニュアンスを表しているので、はっきりしたカテゴリーの境界を定めることができない。つまり、同じ語の意味の数は、潜在的には限りがない。三つの辺を持つすべての対象は、triangle〔「三角形」〕という語にある新しい意味をもたらすことができたであろう。そのためには、偶然や個人的なしかじかの場合を除いて、その語がもはや明確に特定できない程度にまで一般に用いられなくなれば十分である。

さらには、起源が同一ではなく綴が異なりうる同音異義語によって、より大きく錯綜した場合がもたらされるであろう。そのような同音異義語は、ここでは特に私たちの興味を惹くものではないように思える。

Ⅳ　語とその意味との諸関係

私たちがここで理解してきた語の意味は、語そのものと、音声や発音と、その音声を示す表記もしくはイメージと、どのような関係を保っているのだろうか。さらには、いかに広大であるとしても、またいかに瑣末であるとしても、他の全ての傾向を表象し、関心が赴けば自分自身をも表象することを自らの機能とする、特殊化され制限され敏感な傾向性の特異なまとまりと、語の意味はいかなる関係を保っているのか。

厳密に言って、ここで問題になっているのは、言語活動と思惟との一般的関係のことではないし、思惟全体のことでもない。そうではなく、語の意味においてすでに組織され、言語活動にすでに関係づけられた思惟のことである。そのような思惟は概して、人がしばしば認めてきたよりも言葉 verbe から独立している、と筆者には思われる。思惟は、言葉 verbe によって表現されると、そ

29　この辞典の当該の語の第1、第2、第3の意味〔語意〕が、それぞれ「パンの外皮」、「黒ずんだ古い絵」、「下手な絵」に該当していると考えられる。

の新鮮さ・独創性・創意・格調を失いがちである。思惟は、ある意味ではたえず弱まり規則化し社会化することにより通俗化する、と言うことができる。他方で、思惟は、言葉で表現されることで明らかに得るものがあり、語のなかに凝縮されるあらゆる社会的寄与で満たされ、言語活動の組織化から恩恵を受ける。多くの場合には、言語活動は思惟を発達させ、ときには思惟を創造する。だが、是認された意味において組織されても、ふたたび言葉 vocables のなかへ戻っても、思惟はみかけほど厳密には言葉 vocables につなぎとめられていないのである。

　語が意味を変えることは昔から知られている。より最近になって、「どのように意味が語を変えるのか、より正確に言えば、どのように概念が名称を変えるのか、をも研究するのは当然のことである」[30] と気づかれるようになった。これらすべては、意味と語とが堅固に結びついているわけではないことをよく示している。

　それら〔意味と語〕は、何よりもまず、しばしばお互いに相手なしで存在している。人が自分の知らない対象が名指しされるのを聞くときには、精神のなかで語は意味に先立つのであるが、おしゃべりをしたばかりの相手や使用した器具の名前を知らないときには、意味が語に先立っている。だが、語と意味とが精神のなかですでに結合されているときは、語が語義なしに使用されるか、または、その意味を表現すべき語が伴われずに意味が姿を現すことがある。

　意味が取り去られた語は、会話のなかに多くあり、書きことばのなかでも珍しくはない。そこには識別可能な複数の場合がある。

　ある語・ある慣用句・ある文は、それらが使用される状況のために、しばしの間意味を失う。〔語の〕意味の出現は無益になっており、邪魔なものであっただろう。もはや、自動的に書かれるか発音されるある種の定型表現しか、ほとんど残っていない。《Comment vous portez-vous?》〔「調子はいかがですか？」〕

30　〔原註〕J. ヴァンドリエス、『言語学概論—言語研究と歴史—』Le langage. Introduction linguistique à l'histoire, 第 3 部第 3 章。この章全体を読むことは有益であろう。
　〔訳註〕ジョセフ・ヴァンドリエス（1875-1960）はフランスの言語学者。同書は 1921 年刊。旧仮名遣いの邦訳（藤岡勝二訳、刀江書院、1942 年）がある。

と無関心な人に尋ねたところで、その語義はおそらく完全に無視されている。語義は、真心や好意に、あるいはほとんど何でもないものに取り替えられる。社会的に自動化された一種の順応主義しか生み出されないのである。その慣用句はもはや、やや儀礼的な丁重さが通用しないとか、よく考えれば自分の意志で使用を避けられたとかの場合に姿を消しやすい、社会的な便宜という意味のみを持つ一種の社交辞令的定型表現でしかない。

　語は残ったが、意味は立ち去った。そうした語の自動的で慣習的な使用を他の状況においてなされる使用と比較するなら、そのことはきわめて強く感じられる。ある親しい人が病気で、その人に尋ねるなら、その文[31]は通常の意味を完全に取り戻す。その文は、まさに社交辞令の価値を失う。

　語義なしの語の使用、あるいは少なくとも通常の語義を奪われた語の使用、そして社会生活の要求は、語義を増殖させる。私たちの手紙の多くを締めくくる定型表現を想起してみよう。これらの表現は、これらを構成する語が含む意味をまったく持たず、その文面によって変化し様々な度合いで異なるニュアンスを持って、丁重さを、そして、軋轢を軽減し社会的接触を円滑にするような感情の全体を与えている。あるいくつかの会話は、誰の関心も惹き起こさない文句のやりとりを含むが、それらは単に社交性の表明である。そのような語の意味はほとんど重要ではなく、対話者の精神にはまったく現前していないかもしれない。そこからうっかりした言い違い・誤解・多少由々しき軽率さ・おかしな矛盾が時々生じる。病人たちを例にとれば、「お元気ですか？ Comment allez-vous?」という問いかけに「とても元気です très bien」と答えた後、彼らの一連のうめき声が繰り広げられる。人は、一通の手紙の途中で誰かに対する軽視や過小評価を示すことが十分できるし、最終行の「敬具 parfaite considération」でそれを確かなものにすることができる。社会的諸関係は、意味が一時的に退けられるような語の使用を、たえず求めている。

　個人の諸感情もまた、それらがその部分をなす集団的生活の必要性と組み合わさっている。虚栄・野望・先入観・数々の異なる傾向までもが、真の語義を

31　前述の《Comment vous portez-vous?》を指している。

欠いた語の使用を決めている。その証拠は、政治的議論のなか、選挙に関わるあらゆる文書のなか、説教のなか、道徳的説話のなか、また同様に、芸術評論や文芸評論、哲学的主張の企てのなかにあると考えられる。いかなる本当の語義も語に残すことなく、文法規則に従った語の収集に慣れるほど容易なことはない。それは、ある観察者らが〔眠りから〕目覚めたときに書き留めた文が立証しているように、人が夢のなかですることである。それは、しばしば想像以上に、通常の生活のなかで人がすることでもある。

　かなり特異な事例は虚言である。虚言によって語は意味を保存すると同時にそれを失う。語を使用する者は普通のやり方で語を理解し、人にもそのように理解することを望んでいる。が、彼〔語の使用者〕がその語で連合〔連想〕する知覚・イメージ・信念・感情は、それらの語に通常伴うものとは大変異なり、まったく反対にもなりうる。それ故に、私たちの観点からすれば、虚言はその語の語義を変質させていると判断できる。その上、このことがとりわけ真実なので、誇張や緩和表現の使用が習慣化されると元の意味が語から失われることもある。現実のあらゆる歪曲が、このようにその歪曲自身によって、ことば langage の歪曲へと進んでいく。その際、現実の歪曲は、他の意味を語に与えるために、またときにはほとんど語から語義をなくし、少なくともある漠然とした社交性やそれに類似した他の意味しか残さないようにして、語をその意味から分離する傾向を示すのである。

　語はその意味なしでもやっていくことができ、そのことが何よりも単純で普通のことであっても、語はたえず同じ程度に意味から切り離されるわけではない。語は程度に差はあっても弱まった一部分の意味を保持する。《Comment vous portez-vous ?》〔「調子はどうですか？」〕というような定型表現は、その価値が全て残る場合から、その表現が機械的となり意味を欠いたものになる場合まで、すべての価値を持ちうる。

　一つの語は、それが持ちうる意味のすべてを、けっして持っているわけではない。むしろ、絶え間なく、生活のなかで、読み書きのなかや会話のなかで、膨大な数の語が、もっとも単純な意味やもっとも抽象的な意味に、つまりその

語が本質として持っているものに還元される。私たちは、これらの語を自動的に用いている。その際、私たちの意識は、調和の取れたある総合的印象によってしかその語の意味を知らされてはいない。この総合的印象は、幸運な場合、発せられたあるいは受け取られた語を正しく使用することに対応しているのだが、聞き手と読み手、さらに話し手と書き手をかなり頻繁に欺くものでもある。私たちは、あまりにも素早く語を使用しているために、他の方法では、またより詳細にはその語の意味を思い浮かべることができない。だが、私たちはとても頻繁に、正しく有効に、そして、語の意味の全体が私たちの精神のなかで明瞭なイメージや反省的思惟や十分に意識された傾向によって表現されるのと同じ方法で、首尾よく語を使用する。

やや適当に、雑誌から一つの文を取り上げてみよう。《C'est là que nous venons, chaque jour, partager le repas de nos amies...》〔「私たちが毎日友人たちと食事をともにしに来るのは、そこだ…」〕。これを筆者が真に理解するために、これらの語のうちで任意の語の意味を熟考する必要はなく、それらの語が呼び覚ますきわめて抽象的な表象があれば、それで十分である。筆者は、この文について何かを述べ、イメージを呼び起こし、回想あるいは空想によって程度の差はあれ生き生きした情動的印象を感じることができる。そして、そのとき筆者は、疑いもなくこの文をさらに豊かに感じるであろうが、〔その際〕その本質的な語義は変わっていなかっただろう。そしてこの本質的語義は、多くの状況において、また文学・芸術・詩でないとき、つまり考えて理解するほどには感じる必要がないときにはほぼ常に、私たちにとって必要なすべてである。任意の語といっても、私たちを立ち止まらせることなく、大変抽象的な概念しか私たちのなかに呼び起こすはずのない語（冠詞・接続詞・前置詞など）もたくさんある。

同様に、ある文を読み上げるとき、人は知覚可能なやり方で一つ一つの語の意味をけっして想起しない。傾向・観念・抽象的慣習だけを呼び覚ますことのできる語、また、そうするにちがいない語が多数存在する。ジュールダン氏は召使に「ニコールや、スリッパを持っておいで、ナイト・キャップを取ってお

くれ」と言う[32]。彼はナイトキャップかスリッパなるものについて考えている
だけであって、多分、それらの色や形をぼんやり想像しているということはな
いだろう。そして、ニコールの人格はほとんど気にならないのである。

　スリッパとナイトキャップが自分のところに来れば彼には十分であり、おそ
らくある抽象的印象しか彼の望みはなく、スリッパの心地よさについてもナイ
トキャップの便利さについても、彼はよく考えていない。多分、彼はむしろこ
れらの間の見事な関係を思い起こしている。だが、あまりにも習慣的な傾向や
あまりにも型にはまった欲求を満足させようとする語が彼に自然に思い浮か
ばれる。それは、ごく貧相な抽象とは異なるもの、つまり、明確なイメージ・
理由づけ・自覚できる情動を呼び起こすためである。もし、彼の舌 langue が、
彼が言うべきだった語とは別の語を発することがあっても、彼は、自分ではそ
のことに気づかないことは大いにありうるし、ニコールとジュールダン夫人を
笑わせながらもなぜ彼女らが楽しんでいるのかわからないということも大いに
ありうる。

　このような場合、意味は語からあまりにも切り離されているため、その意味
は別の語に簡単にくっついてしまう。言い違いが気づかれずにいることもある
が、そのような事態は、勘違いに由来する事態（試験の答案を採点したことの
ある人は誰でも、それは稀なことではないと知っている）と、ほぼ同じであ
る。何らかの文字が変わることで損なわれた語が正しい語の役を務めているこ
とはよくあるが、文字が語のなかにあるように、語は文のなかにある。語の意
味がその語の一つ一つの文字とではなく語の全体と結びついているのと同じよ
うに、一つの文の意味は〔その文の〕すべての語のあいだで分配されることな
しにその文の全体と結びついている。また、ある語が、不注意によって他の語
の場所を占めることもある。意味は、語から離れながらも、そのまま保持され

32　モリエールの戯曲「町人貴族」第2幕第4景〔『モリエール全集　3』鈴木力衛訳、中央
　公論社、1973年〕の一節。実際には、ジュールダン氏はニコールに向かって言っているの
　ではなく、哲学の先生とのやりとりのなかで、この文が韻文と散文のいずれであるかを先
　生に確認するために使用した台詞である。よって、現実にどのスリッパ、どのナイトキャッ
　プを指しているかは問題にならない。

40

る。読み手または聞き手が、読んだり聞いたりしようとするものの意味を、意識的に予めつくりだすこともある。また、読み手や聞き手には、知覚する語がまったく逆の意味を提示しているにもかかわらず、自分が作り出した意味を正しいと思い込むこともある。

こうして、語は多かれ少なかれそれらの語の意味から切り離されることになる。あるいは、継続的に見いだされ、人生を作る材料〔時間〕の間違いなく最大部分をなす多くの場合に [33]、その意味は、傾向性の極度に抽象的な統合作用へと還元される。

さらにまた、意味はうまく認識しにくくなることもある。たしかに、意味はしばしば正しく理解されない。自分が言いたいことをうまく言ったかどうかや、読んだり聞いたりしたことを真に理解したかどうかを、私たちは常に知っているわけではないし、知っていると信じるべきではないということが頻繁に生じる。人espritは、とても抽象的でとても流動的でとても還元された傾向が関わってしまうと、容易に誤解するものである。

それゆえ、ある人が、自分が読んだことや言われたことを真に理解したかどうか、また自分自身が書いたり言ったりしたことをよく理解したかどうかを知るために、ある検証を行うことが必要となる場合が非常にしばしばある。〔その検証のために、〕私たちは、相手を導いて、その人が読んだり聞いたりしたことの意味を他の言い回しで再現させたり、何らかの指摘をさせたり、何らかの反論をさせたり、同意するよう働きかけたりすることができる。私たちは、語の意味を知らなかったわけではないにもかかわらず、その語がその意味から切り離されていたということを時々認識する。しかし、〔つまるところ〕「人は、あれやこれやのことに対して、よく考えていなかったし注意も払っていなかっ

33　この部分（原文 l'étoffe dont la vie est faite）は、アメリカの文筆家、発明家、政治家ベンジャミン・フランクリン（1706-1790）の名言 Dost thou love life? Then do not squander time for that is the stuff life is made of.〔「人生を大切に思うと言われるのか。それならば、時間をむだ使いなさらぬがよろしい。時間こそ、人生を形作る材料なのだから。」『フランクリン自伝』松本慎一・西川正身訳、岩波文庫、276 ページ。付録「富に至る道」の仏訳 Si tu aimes la vie ne prodigue pas le temps, c'est l'étoffe dont la vie est faite. からの引用と考えられる。

た」のである。この総括は不完全であり、ほとんど、無力な素案のままであった。というのも、有益で必要な諸要素は呼び起こされていなかったのである。とはいえ、この総括は、もう達成したという印象や十分理解したという幻想を与えることはできていたのである。

　起こったことをうまく判別することは、時として難しい。眼にしている本とまったく無関係な、あるいは読むことで示唆されて瞬時その本からから離れた観念や関心を追いながら、私はあるページを黙読する。私の目線は文章につながっているが、私の思惟は私の目線とともにはない。思惟は、瞬時の後に目線と合流するが、未踏の土地にいる。眼を通した最新のページは、自分のなかにそれとわかる足跡を残していないことを、私は認めるのである。何が起きたのか？私は理解したのか、おおよそ理解したのか、そしてすぐに忘れたのか？おろそかにされた書物に私の精神が不意に戻るときに創り出される新しい状態に、いくつかの共通の諸要素によって結びついているのでなければ、読むことによって呼び起こされる精神の状態は、夢のイメージが目覚めると消え失せるのに少々似て、姿を消すのだろうか？私は、視覚が私のどのような思惟をも目覚めさせない文章を単に目で追っただけなのだろうか？問題は少々やっかいである。語が私のなかに十分に強く、十分に明確で、生きる上で十分に決然とした精神的総合を創造していなくても、それらの語の意味は絶対的にゼロではなくなったということを、私は信じたい気持ちである。無茶な命題、紛れもない誤謬、一行の文章の忘却は、衝突が生じるため、たいがいは私の注意を書物へと連れ戻すだろう。しかし、何かを断言するということが、常に可能だというわけではなかろう。筆者はまた、事実の本性は、場合によって著しく多様であると思う。絶対的不注意と強度の注意との間には、また、延長することのない単純な視覚か聴覚でしかないものに少しの間、語を還元する無理解と、聞いたり読んだりする人の知識・想像・知性と同等な十全さで語の意味を実現する理解との間には、中間的な形式が多数介在している。語は多かれ少なかれ意味から分離しており、語はその意味のとても変わりやすい部分と連合している。

語が意味なしに存在することができ、同じように意味が語なしに存在することができるのかどうかについて、私たちはいくつかの事例を見てきた。語の意味、つまり、ひとまとまりの観念やイメージや傾向を構成するものは、精神のなかに現存しているが、その際、語が精神には現れていないこともある。きわめて明瞭で誰もが気づいたことのある事例は、ある人の名前を一時的に忘れることである。その人のことを考え、その人を思い浮かべ、その人の本質的な性格をすぐにでも描写できるのに、その意味を表現する語が見つからないのである。ある町・ある事柄・ある道具・何らかの対象の名前が私たちには思い出せないこともあり、実体験 pratique によってせっかく語が結びついたその固有の意味を、その名前が避けているかのように思える。

意味がその語からとても切り離されているので、その意味が表現されねばならないときに、chose〔「もの」〕・machin〔「例のあれ」〕・affaire〔「こと」〕・outil〔「もの、道具」〕といった別の語に置かれる。これらの語はその意味を、どうにかこうにか聞き手まで運び、必要に応じて身ぶりがそれらの語を補完するのである。すでに指摘したように、私たちが読んだり聞いたりするとき、一語一語をはっきりと見たり聞いたりすることは必要ではない。要は、肝心な語を把握することである。置き換えることは困難あるいは不可能であろうということである。しかし、私たちはいくつかの語を見逃してしまうが、かといって文を完成できなくなるという事態に陥るわけではないということもある。実は私たちがしかじかの語を実際には読んでいなかったと気づかないということさえありうる。語の意味は語がなくても結構うまく伝わったのである。一方、ある語がはっきりと聞こえるとき、それらの語を私たちのところまで連れて来るものはその語の意味であることがかなり多い。理解できない言語 langue はかなり聞き取りにくい。確かに、ここにはある他の要因が介入している。それは、ことばによる表象 représentations verbales が明確に存在していること、つまり、組織化がことばによる表象を既に獲得したかまだ獲得していないかということである。しかし、おそらく、この要因が必要なことすべてを行うわけではないだろう。

私たちは、すでにいくつもの事実によって、慣用句や文といった語のより複

第Ⅰ章　ポラン：語の意味とはなにか（翻訳）　43

雑なまとまりの意味が、それらを構成する〔個々の〕語の意味とはかなり異なるものであることを指摘してきた。そのようなまとまりの意味は語の〔単なる〕総和ではなく、語の組織的な総合なのである。そして、その本性は、各々の語の固有の意味によってのみならず、疑いなく、それらの語のあいだにある諸関係や、各語にそれ以外の全ての語のまとまりが与える方向性によっても決定されている。それは、おそらく、総合が集合と異なることが最も明確になり、組織的な連合の本性と効果とが最もよく際立つ事例の一つである。

　すでに述べたが、個人ではなく家族を社会的要素とすることを提案するのとまさしく同じように、語ではなく文を言語活動の要素と見なすことが可能である。人間によって発せられた最初の話しことば paroles がただ一つの発声のなかにある種の全体、つまり、ある欲望・恐れ・命令・懇願の表現を込めたということは可能であり、ほぼ確実である。その後意味は、程度の差のある異なる語のあいだで、分割され分裂し分配されたのであろう。いずれにせよ、文の意味は統合された全体である。一つの文のすべての語を理解すること、つまり全体の意味を把握せず、それらの語がどのように相互に結びつき影響しあうかを検討せずに、個々の語の意味を孤立的に思い浮かべることは、完全に可能である。文においては、各語の意味はもはや、語を孤立的に取り上げた場合の意味ではまったくないのである。まさに、ある一人の活動が、彼においてのみ考慮されるか、自分たちの活動を決定し調整する働き手らや競技者らのグループにおいて考慮されるかによって異なってくるのと、上記のことは同じである。

　ふたたびある文を適当に取り上げてみよう。心理学のある論文で筆者は次の文を読む。《Il se passe quelque chose du même genre quand on arrête brusquement et complètement une action, il faut faire un autre usage de ses forces. 》〔「人がある行動を不意にすっかり中断すると、何か同類のことが生じ、その力の別の使用がなされなければならない。」〕。pense〔原文ママ〕〔「考える」〕[34]、arrête〔「中断する」〕、genre〔「種類」〕、action〔「行動」〕、force〔「力」〕

34　pense〔原文ママ〕は、引用されている文中の passe に対応しており、誤植とみなさざるを得ない。よって、この部分は、正しくは「passe〔「生じる」〕」となるであろう。

といった語は、それらを取り囲み、それらとともに働く語によって方向づけられた意味を持っている。それらの語は、別の状況においてはまったく別の語義を持つであろう。今このときの状況は、何らかの潜在的意味を現実に移す際、別の潜在的意味を含みつつ、この別の潜在的意味が現実に移行するのを妨げている。このことについて特に考察しなくても、ここでの話題は産業社会の行動action でもなく、筋肉の力 force でも、ギャングを逮捕する arrête 憲兵の行為あるいはヤマウズラの居場所を知らせる arrête 猟犬でもないことを、筆者は知っている。どの語もここではその潜在性の一部分しか実現しないはずだ。さらに、特殊化し分極化したこれらすべての意味は、二つないし三つの異なる体系の識別が可能な一つの全体に統合されている。すなわち、行動 action の中断 arrêt、そこで働いている力 forces を別様に使用する必要性、および、前に言及した〔意味解釈の〕手続きと今回の手続きとの類似性である。どの観念の体系も自己自身のために存在しうるし、他の思惟と連合することもできるであろう。こうして、その体系は程度の差こそあれ異なる意味を獲得するだろう。ここでの三つの体系は一つに結ばれており、私たちがこの結合を無視するなら文を理解できないのである。

　さらに先に行かねばならない。ここであるがままに示された文は、不完全なままである。なるほど、その〔文の〕意味は私たちの前に現れるが、完全にではなくあまりにも抽象的なままである。その文が部分をなす全体において、その〔文の〕意味は、その文に先行する文とそれに後続する文の意味によって決定される。それは、各語の意味がそれに付随する語のまとまりによって明確にされるのと同じである。ここで〔前述の〕文を読む際、action〔「行動」〕あるいは force〔「力」〕などいくつかの語の意味について、ためらうこともあるだろう。これらの語の抽象的な語義は明らかであるが、どのような行動が問題となっているか、どのような力が働いているかは、正確にはわからない。論文の全体がそれらの語の意味を明確にしてそれをより具体的にする。だが、この論文は、今度は、それを超える一冊の書物として掲載されているにちがいない。

そして、その章をより理解するためには、その章を本全体に関係づけねばならない。論文の寄せ集めではなく、良く構成された一冊の書物は、その章の一つ一つに特別な意味を与え、それを方向づけ、明確にしている。論文の単純な寄せ集め〔の論集〕においても、各論文が、一緒に掲載されている他の論文の影響を受けて、輝きを持ち豊かとなり多少変形することは、まったく普通のことである。いくつかの一般的観念や多少とも公認された傾向、学説や好みの手法は、異なる観点で、互いの論文のなかで示され、それらの論文は相互に補完しあう。あるいは、それらの論文は互いに修正しあう。それらのうちの一つは、その著者のなかに、他の論文が弱めたり否定したりする傾向があることを私たちが推測できるようにするであろう。こうして、その各々の論文の意味は、それらの論文が教示していることの組み合わせによって、広がり、明確になる。

　さらに前に進もう。同一の著者の書物は、その全体を知ればよりよく理解できるし、この条件による以外にはよく理解されえない。書物が属する全体によってその書物が解釈されるなら、各書物は程度の差はあれども、新しい意味を手にする。さらに、これらの書物の間にあるしかじかの重要性は、ときには強まり、ときには弱まるだろうが、他の著作がほとんど気づかせないでいる著者の精神の一側面をある著作が示しているとすれば、その重要性は決して無ではないであろう。テーヌ[35]の『芸術哲学』は、先に一巻本で出版された『芸術における理想』についての研究を知っていなければ、よく理解できない。オーギュスト・コントの『実証哲学教程』は、当然ながら、それ自身によってある意味を私たちに提供している。コントのその著作全体を思い浮かべるなら、その〔『実証哲学教程』の〕意味は変更されるだろう。諸観念の新しいヒエラルヒーが確立されるのである。分野を変えると、ヴェルレーヌの『叡智』という書は、それだけで一つの全体を形成しうるが、この書がもたらす印象や保持する意味は、次のような場合には確かに変形する。それは、詩人ヴェルレーヌの一連の著作のなかにこの書を位置づけ、同書に先立つ『艶めかしき宴』、同書に続く『双心詩集』について考える場合や、同書が、人間の決然的な魂を表現するのではなく、人

35　イポリト・テーヌ（1828-1893）はフランスの批評家、歴史学者。

間の魂の不安定で、時折再現するかもしれないが持続しそうにない状態を示しているだけなのだ、と気づく場合である。ここで筆者が指摘する事実の重要性は大いに変わりうる、とまったく誇張なしに言っておこう。一つの著作がその作品を十分に良く概括し、著者の性格とまではいかずとも彼の知性を十全に見せていることがある。例えば、『第一原理』は、スペンサーのシステムについての十分な観念、彼の他の作品を読んでもその全体としてはほとんど変形されない観念を提供している。しかしながら、一冊の本が自らの意義 signification を自らによって完全に担うことは決してないように思われる。

　なおも話を止めないでおこう。著作は、人間の一生の一部分にすぎず、彼の精神の一面を明らかにしているにすぎない。著作はまた、それを越える全体のなかに位置しながらでしか、またその著作によって解釈しながらでしか、その意味のすべてを持たない。著者の人格を知ることにより、彼の作品が私たちに与える観念と印象は多かれ少なかれ変形する。こうして、作品を人間に結びつけ、人間との関連で作品を評価することが、サント＝ブーヴ[36]の功績と独創性であった。ある作品によって表現される思惟と感情は、私たちが著者、つまり彼の性格・人生・冒険・愛憎・悲喜をよりよく知るにつれ、異なる本性・価値・味わい・様相を帯びることが多い。

　ここでの問題は、文学的観点から、作品がより魅力的であり才能がより明らかどうかを知ることではないし、哲学的観点から、世界と人類についての客観的な諸観点の総体として、著者の観念を私たちがより容易に理解できるかどうかを知ることでもない。さらになお、ここでの問題は、それらの観点が、これらを調べることでより大きな客観的価値を得るかどうかを決めることでもない。むしろ、私たちはこの作品の不完全な理解がましになるだろう。そして、もはやその作品にまったく同じ意味―語の幅広い意味で―を付与することはないだろう。

　理解の様々な形式が満たすことのできる様々な必要性を、ここではうまく区別しなければならない。ある作品の意味のなかには、大多数の人間あるいは大

36　シャルル＝オギュスタン・サント＝ブーヴ（1804-1869）はフランスの文芸評論家。

第I章　ポラン：語の意味とはなにか（翻訳）　47

部分の状況には無益なままかもしれない諸要素が含まれている。なぜなら、私たちは、ある作品の意味をよりよく知るに至っても、だからといって、その作品の美しさを認識することや、その作品の客観的正確さを決定することが、常により容易になるとは限らないからである。著者の人生のあらゆるディテールが、作品から新しい意味を引き出すために同一の効果を持っていないし、同一の種類の重要性も持っていない、ということは、まったく明らかである。フロベールがてんかんを患っていたことは、私たちにとって『ボヴァリー夫人』の文学的価値をほとんど変えない。コントが発狂したことは、私たちが実証主義についての主張を受け入れたり拒否したりすることの妨げとはならないだろう。スピノザが質素な生活をしていたとしても、自己の存在の傾向は自己の存在に固執することである[37]と信じるか信じないかのどちらかに、私たちの気持ちが傾くということはほとんどない。しかしながら、上述したことのすべては、私たちにとって良かれ悪しかれ、私たちの最終判断と私たちの全体印象を固着させ、明確にし、複雑にし、説明することに貢献しうる。そして、ジョゼフ・ド・メストル[38]あるいはシャトーブリアン[39]の著作、ミュッセあるいはユゴーの著作、他でもない哲学者らと学者らの著作を、彼らの著作を彼らの人生に関連させつつ、私たちがより幅広く、そして若干他のやり方で理解していることは、筆者には明白だと思われる。パストゥールのような人物の作品でさえ、より決定的な意味を帯びるが、彼の伝記を思い浮かべるときには、他のニュアンスに彩られる。何らかの特殊性を知らなければ、時として、実に愉快な誤謬がもたらされる。高い評価を得ているある批評家が、あるとき、ユゴーを、一編の詩のなかで夫婦愛を巧みに表現したと賞賛したそうだ。実際には、ジュリエット・ドルーエ[40]にヒントを得た詩なのだが。そうした詳細を知っていれば、その批評家は、その詩の意味の把握の仕方を修正したことだろう。また、文学面での評価とまではいかずとも（筆者には定かでないが）、道徳面での評価も修

37　この部分については、スピノザ『エチカ』第3部定理6に関わっていると考えられる。

38　ジョゼフ・ド・メストル（1753-1821）はサヴォワの哲学者、作家。

39　フランソワ゠ルネ・ド・シャトーブリアン（1768-1848）はフランスの作家、政治家。

40　ジュリエット・ドルーエ（1806-1883）はフランスの女優。ユゴーの愛人であった。

48

正したであろう。

　以上はまだすべてではない。人間はその〔著者の〕意味のすべてを得るわけでなく、その結果、彼の作品が十全に理解されるわけではない。十分に理解されるには、彼が生きた社会や、彼が出会った援助と障害や、彼の時代に強力だった諸傾向、つまり彼にインスピレーションを与えたり、彼が追随したり、引き出したり展開させたり、もしくは、ときにはいわば寄りかかりながらも彼が逆らった、そんな傾向が必要なのである。彼の観念は、先駆者によって引き起こされ、準備され、弟子の同意あるいは論敵の攻撃によって誇張され修正されてきた。もし私たちが、テーヌが考えたように、民族や社会的環境やときの産物になりきれていなくても、実際には私たちの各自に異なった作用をし、服従と同様に反発も誘発するような影響への注意を喚起するのは、まさに当を得ている。事実、反発もやはり影響の印なのである。人は、一人の人間、一つの作品、一冊の本、文そして語を、それらが生み出された社会と時代に戻しながらでしか完全に理解することはできない。たとえば、「平等」は、18世紀の終わり頃には、今日与えられている意味を持っていなかった。

　しかし、私たちは、語が表す観念の価値について何らかの意見を持つために、語を完全に理解したいという欲求をいつも持っているわけではない。私たちは、美的あるいは感情的な観点、科学的あるいは論理的な観点、歴史的な観点から観念について考察することができる。そうした様々な考察事項を混同しないことが重要なのだが、そうした混同はあまりにもしばしば行われてきたことである。私たちは、キリスト教の教義の歴史、それと人間の様々な感情との関係、そしてその教義の学問的、論理的価値を知らなければ、「キリスト教」という語の意味を完全に理解することにはならない、ということは確かである。だが、しかじかの観点を好んだ著述家たちは、自分の観点に過剰な重要性を付与してきた。それは、シャトーブリアンが美的観点のため、ルナン [41] が歴史的観点のために、ヴォルテールが常識の論理という観点のためになしたことであり、とりわけ人間の心の欲求を引き合いに出すすべての者がなしていることである。

41　エルネスト・ルナン（1823-1892）はフランスの文献学者、哲学者、歴史学者。

そして、人は次のことを常に十分には見てこなかった。観点の差異は判断の差異を引き起こすはずだということ。人は芸術家として考察するなら、感嘆したり軽蔑したりするようになること。感情によって評価するなら愛したり嫌ったりするようになること。理性や科学や論理に通じていることを誇るなら真実として認めたり虚偽として拒絶したりするようになること、等々。そして、とりわけ、美しいものが美そのものによって真実であり、また、心地よいものが現実でないわけがないということを人が証明してこなかったことを、である。多くの場合、自分の生活にうまく適応した存在物に対する本能は意識的な観察や推論よりも確かであることがありうるし、ある意見または教義の歴史に関する知識もこの教義を私たちが真または偽と見なす助けになることもありうる。論理や理性によってある特定の事実の歴史的現実が私たちに解き明かされることもありうる。さらに、このような評価の様々なカテゴリーのきわめて多様な諸関係を正確に決定することが必要であろう。ここは、当然、そのような決定を試みる場ではない。

　しかし、私たちは語の意味の潜在性を論じ尽くしたのだろうか。なおも次のように言うことができるであろう。ある社会は、それに先行して形成された他の社会、それを取り囲み影響を与える他の諸社会によってでしか、うまく理解されないと。ある世界は他の諸世界による以外にはうまく理解されない。地球の意味については、それを完全なものにするのは太陽系であり、太陽系の意味については、銀河の全体が疑いもなく私たちにそれをよりよく理解させ、銀河の意味については…。つまり、私たちは、何についても、したがっていかなる語についても、その完全な意味を決して知り尽くすことがないのである。語は新しい問題の汲み尽くせない源泉である。私たちは、その語義を明確にしたり複雑にしたりするために必要な、またその語義を特定したり十分一般化するために必要な知識や観念を持つことは決してないだろう。一つの意味も決して完全ではない。幸い、このことは実生活にはほとんど重要ではない。人は概して、500グラムの砂糖を買い、トラムの切符を手に入れ、競馬で賭けをするには十分にことば langage を理解しているのである。

結論

　今まで述べてきたすべてのことから、次のような結論に至る。すなわち、語の意味は動いているものであり、たえず変わりやすく、全体が固定することは決してない。そして、いつでも、そのときの必要性や欲求に従って制限され、広げられ、変形されうる状態にあるものである。〔語の意味とは、〕ある一瞬のために、ある個人のために、ある機会のために、それを取り囲む他の語によって、また、様々な程度にではあるが、その語を使用する人 esprit と、その人 esprit が生きている社会とが含むすべてのものによって明確に特定されたり立ち止まったり arrêtée するものである。そして、決して完成には至らないものなのである。あちこちで、これらのたえ間ないざわめきのいくつかが、ある精神から他の精神へと、多かれ少なかれ誠実に伝えられ、それらが広がり、多かれ少なかれ広がりのある集団のなかでそれらが一般化されるということを、確実に予想することができる。異なると同時に似てもいるそれらすべての語意も同じ運命を持たないであろう、と信じることができる。いくつかの語意の生命はある一定の間引き延ばされ、それとわかるような変化なしに少しの間生き延びるだろう。他に、多かれ少なかれ使用されているうちに更新される語意もあるが、その変化は変形であると同時に保持でもある。このことについては、別の研究において、語の意味の相対的な維持を保証する一般的条件、および変移を引き起こす一般的条件を探求しながら、筆者がそれ自体として検討したいと考える。

　　フレデリック・ポラン

第Ⅰ章　ポラン：語の意味とはなにか（翻訳）　51

52

第Ⅱ章　ヴィゴツキー：思惟と語（翻訳）

エリ・エス・ヴィゴツキー　思惟と語〔『思考と言語』第7章〕
神谷栄司、伊藤美和子・訳

〔凡例〕

― この翻訳の原典は、Л. С. Выготский, Мышление и речь, Глава седьмая Мысль и слово, Лабиринт, М., 1999 である〔『思考と言語』第7章「思惟と語」〕。

― 訳出にあたり、概ね、значение〔ズナチェーニエ〕を「語義」とし、смысл〔スムィスル〕を「意味」とした。ただし、前者は функциональное значение〔機能的意義〕のような場合には「意義」としたが、稀に文意から「意味」とした。この稀な場合には、原語を付しておいた。

― 概ね、мышление〔ムィシュレーニエ〕は「思考」、мысль〔ムィスリ〕は「思惟」とした。ヴィゴツキーは後者を、(1) 思考の過程、(2) 思考の結果、を含むものとして使用している、と思われるので、日本語では「思惟」が適切であろうと判断した。ただし、(2) の意味のうちで、一部を文脈によって「考え」「考え方」「着想」などとし、その場合には原語を付した。

― 概ね、слово〔スローヴォ〕は「語」、речь〔レーチ〕は「ことば」、язык〔ヤズィーク〕は「言語」、稀に「舌」と訳した。ただし、定訳と言うくらいに定着した訳のある語については定訳を尊重した。たとえば、эгоцентрическая речь は、「自己中心的ことば」ではなく、「自己中心的言語」とした。以上の訳し方からそれる場合には原語を付した。

― общение〔オプシチェーニエ〕は基本的には「交通」と訳し、家庭や学級などの小さな世界が念頭におかれている場合には、「交わり」とした。なお、коммуникация〔コムニカーツィア〕は「コミュニケーション」とした。

― 脚註はほとんど訳者によるものであるが、一部に原典の註がある。その場合には、〔原註〕と示している。

― 〔 〕内の文言は訳者による補足である。また、原典には、節による区切りも見出しも書かれていないが、読みやすさを考慮して、それらを訳者が付け加えた。厳密さをはかるために、それらの場合も、〔 〕をつけた。

― 数多く参照されているロシア文学作品については、できる限り出典を示し、翻訳が見つかった場合にはその出典を明示しつつ引用した。他の言語による文学作品や理論的作品の参照は、発見できた範囲で出典を示した。

> 私は語ろうとする言葉を忘れてしまった、
> すると、肉体なき思惟は闇の宮殿に戻っていくだろう[1]。

〔Ⅰ 思惟と語とをめぐる理論状況〕

〔要素への分解か、単位への分解か―言語的思考の単位としての語義〕

私たちは、系統発生的発達と個体発生的発達という両極の段階において、思惟と語とのあいだに存在する内的関係を明らかにしようとして研究を始めた。私たちが発見したのは、思惟と語との発達の始源、思考とことばの存在における前史の時期には、思惟と語との〔それぞれの〕発生的根源のあいだの、いかなる規定された諸関係・依存関係も見出されない、ことであった。こうして明らかになることは、私たちが求むべき、語と思惟との内的諸関係は、その後の全発達の前提や基本的出発点であるような、元々の・あらかじめ与えられた値ではない、ということである。さらには、この内的関係自身が、人間の意識の歴史的発達過程においてのみ発生し形成されるのであり、この内的関係自身が人間の生成の前提ではなく所産なのだ、ということである。

動物の発達の頂点―類人猿―においてさえ明らかなように、音声面では人間に十分に似たことばが、同じく人間に似た知能と、いかなる形でも結びついていないのである。子どもの発達の初期段階においても、私たちは、ことばの形成過程における前知能的段階と思考の発達における前言語的段階との存在をまぎれもなく確認することができた。思惟と語とは原初的連関によって相互に結びついてはいない。この連関は、思惟と語との発達そのものの行程において発生し・変化し・肥大化していく。

だが同時に、この研究の最初のところで明らかにしようとしたように、思考とことばとは、相互に外的な二つの過程であって、相互にパラレルに生起し作

---

1 Осип Мандельштам, Ласточка, 1920.〔オシプ・マンデリシュタム「ツバメ」1920年〕という詩の、別々の箇所にある2つの文を、ヴィゴツキーは、あたかもモンダージュのごとく連結させて、自己の思想を表現している。

用する・機械的に相互作用しながらその道程の個々の点で交差する・二つの独立的な力だとして、この両者を説明し表象しようとすることも、正しくないであろう。思惟と語との原初的連関が欠如しているということは、この連関が、私たちの意識の本質的に異種な二つのタイプの活動の外的連関としてのみ発生しうる、ということを、いささかも意味していない。その逆に、この著作の冒頭で示そうとしたことだが、思考とことばとの大多数の研究の基本的な方法論的誤り、つまり、それらの仕事の不毛性をひき起こしてきた誤りは、まさしく次のように思惟と語との関係を理解することにある。すなわち、この二つの過程を独立的・自立的・孤立的な要素と見なし、それらの外的連結から、固有なあらゆる性質をそなえた言語的思考が生じる、と理解することである。

　私たちが示そうとしてきたように、このような理解から生じる分析方法は、始めから失敗の運命にある。なぜなら、言語的思考の全体としての性質を説明するために、全体を、その全体にそなわる性質を含まない構成要素に―ことばと思考とに―分解しているからであり、それによって、この性質の説明への道をあらかじめ閉ざしてしまうからである。この方法を用いる研究者を、なぜ水が火を消すのかを説明しようとして、水を酸素と水素に分解し、酸素が燃焼を持続させ水素が自ら燃焼するのを呆然と眺めている人に、私たちは擬えてきた。さらに、要素への分解法を用いるこの分析は、現象のある領域における具体的な問題の解決に適用するという観点からすれば、本質的には、本来の意味での分析ではないことを、私たちは示そうとした。これは、内的分割や、説明されるべき現象が含まれている部分の摘出、であるよりは、むしろ〔特殊的なものを考慮に入れない〕一般的なものへの上昇である。その本質からすれば、この方法は分析であるよりは一般化をもたらす。実際、水は水素と酸素からできていると語ることは、概して水というものに対して・水のあらゆる性質に対して・同じ尺度で一様に関係する―雨粒に対するのと同じように大海にも関係し、アルキメデスの法則に対するのと同じように火を消す水のあらゆる性質にも関係する―と語ることを意味している。それとまったく同じように、言語的思考は知的過程とことばに固有な機能とを含んでいると語ることは、全体としてのあ

らゆる言語的思考とそのあらゆる個別的性質とに同程度に関係するものを語ることを意味している。それによって、言語的思考の研究の前に立ち現われてくるどの具体的問題に関しても、何も語っていないことを意味するのである。

それ故に、私たちは、そもそもの始めから、他の観点を採り、すべての問題を他の形で設定し、他の分析方法を研究に適用しようとした。要素への分解法を用いる分析を、私たちは、言語的思考という複雑な統一体を単位に分割する分析に取り替えようとした。その際、単位を次のように捉えたのである。すなわち、単位は、要素とは異なり、研究されるあらゆる現象の全体に関してではなく、その現象の個別的・具体的な側面と性質とに関する第一次的モメントを形成する・分析の産物であり、さらにまた、要素とは異なり、全体に備わり説明されるべき性質を失わずに、分析が取りかかっている全体の性質のもっとも単純で原初的な姿を含んでいる・分析の産物である。私たちが分析しようとする単位は、統一体としての言語的思考に備わる性質をもっとも単純な姿で含んでいる。

私たちは、そのような思考とことばとの統一体をもっとも単純な形で表す単位を、**語義**のなかに発見した。すでに解明しようとしたように、語義は、説明を試みたとおり、これ以上分解できない二つの過程の統一体であり、これはことばの現象であるとか、思考の現象であるとか、と言うことができないものである。こうして、語義を奪われた語は、語ではなく、空疎な音なのである。したがって、語義は、語そのものの不可欠な組成的指標である。語義は内的側面から捉えられた語そのものである。こうして、私たちは十分な根拠をもって、語義をことばの現象と見なすことができるようである。だが、研究の全経過においてたびたび確信したことであるが、語義は、心理学的側面からすれば、一般化つまり概念に他ならない。一般化と語義はシノニムである。ところで、あらゆる一般化、あらゆる概念形成は、きわめて特殊的で・本格的で・疑いのない思惟の働きである。したがって、語義を思考の現象と見なすことができる。

このように、語義は、ことばの現象であると同時に知的現象であることがわかる。その際、このことは、語義が心理生活の異なる2領域に純粋に外的に属

していることを意味してはいない。語義は、思惟が語と結びつき・語のなかに具現されている限りでは、思考の現象である。その逆に、語義は、ことばが思惟と結びつき・思惟の光に照らされる限りにおいては、ことばの現象である。語義は、ことばによる思惟の現象、または、意味づけられた語の現象であり、語義は、語と思惟との統一体である。

〔語に含まれる一般化、語義の変化と発達—ことばと思考に関する連合理論、ヴュルツブルグ学派、ゲシュタルト理論への批判〕

　私たちの全研究のこの基本テーゼは、上ですべてを述べたので、新しい確証を必要としないであろう、と思われる。私たちの実験研究は、この命題を確証し是認したであろう。言語的思考の単位として語義を扱うことによって、私たちが実際に見出すものは、言語的思考の発達・その様々な段階におけるもっとも主要な特質の説明を具体的に研究する、現実的可能性であるからだ。だが、私たちのあらゆる研究の主要な成果は、この命題それ自体ではない。研究そのものの結果のなかに、もっとも重要でもっとも中心的な成果として見出された、〔次のような〕さらなる命題である。この研究が思考とことばとの学説にもたらす・新しくてもっとも本質的なものは、語義は**発達する**、ということの解明である。語義の変化とその発達との発見は、私たちの主要な発見であるが、これによって、思考とことばとについて、あらゆる先行する学説の基礎に横たわる・語義の恒常性・不変性という公準を、初めて最終的に克服することができる。古い心理学の観点からすれば、語と語義との連関は、語に由来する印象とその語が表示する事物に由来する印象とが意識のなかで幾度も一致するが故に確立される・単純な連合的連関である。知人の外套がその人を思い出させるとか、家の外観がそこに住む人を思い出させるとかということと、まったく同じように、語はその語義を思い出させるのである。この観点からすれば、一度確立された語義は発達しえないし、概して変化しえない。語と語義とを結びつける連合は、固定されたり弱められたりすることもあれば、さらに、同種の他の

対象との一連の連関によって豊かにされることもあり、類似性と隣接性をもとに、より広い範囲に押し拡げられることもある。あるいは、反対に、この範囲を狭めたり制限したりすることもある。言いかえれば、連合は一連の量的・外的変化をこうむることができるが、その内的な心理学的本性を変更することはできない。なぜなら、そのためには、連合はそれ自身であることを、つまり、連合であることをやめねばならないであろうからである。

　当然のことながら、この〔連合の〕観点からは、ことばの意味的側面の発達・語義の発達は、概して説明不能になり、不可能になる。このことは、言語学にも、子どもと大人のことばの心理学にも、現れていた。ことばの意味的側面を研究する・言語学の一部門、つまり、意味論は、語の連合的概念を習得したあと、今日まで、語義を語の音声的形式とその対象的内容との連合と見なしている。それ故に、ひとつ残らずすべて語が―きわめて具体的な語と抽象的な語が―、一様に構成された意味的側面を持つことになる。語と語義とを結びつける連合的連関が、その外套を見てその人を思い浮かべるという過程の基礎と同じように、意味づけられたことばの基礎を構成する限り、すべてが、ことばそのものにとっての・どのような特殊性も含んでいないのである。あらゆる事物が概して他の事物を連想させることができるように、語はその語義を私たちに思い出させている。それ故、意味論は、語と語義との連関のなかにまったく特殊的なものを見出していないので、ことばの意味的側面の発達・語義の発達について問題を提起することができなかった、ということは、驚くにはあたらない。すべての発達が、もっぱら個別的な語と個別的な対象との連合的連関の変化に帰着した。語はまず一つの対象を意味し、その後、他の諸対象と連合的に結びつくことができた。外套が、ある持ち主から他の持ち主に渡ることで、まずある人を連想させ、それから他の人を連想させることができる、という具合に。ことばの意味的側面の発達は、言語学にとっては、語の対象的内容の変化に尽きるのである。言語学の関心の外にあるのは、次のような思惟である。すなわち、言語の歴史的発達の行程で語義の意味的構造が変革され、語義の心理学的本性が変革されること、言語的思惟が、一般化の低次の原始的形式から、抽象的概

念において表現される・高次のより複雑な形式に移行すること、最後に、語の
対象的内容のみならず、語における現実の反映・一般化の性格そのものも、言
語の歴史的発達の行程で変革されてきたこと、である。

　それとまったく同じように、この連合的観点からすれば、子ども期における
ことばの意味的側面の発達は、不可能であり、説明不能となる。子どもの場合、
語義の発達は、語と語義とを結びつける連合的連関の純粋な外的・量的変化に、
そうした連関の豊富化と定着に、帰着することもあるが、ただそれだけである。
子どものことばの発達の進行のなかでは、語と語義との連関の構造と本性そのも
ものが、変革されうるし、実際に変革されている。そうしたことは、連合的観
点からは、説明できないのである。

　最後に、成熟し発達した人間における言語的思考の機能化においてもまた、
この観点からは、語からその語義へ・語義から語へ・という連合的経路に沿った、
一つの平面における間断なき直線的運動の他には、何も見つけることができな
いであろう。語の理解は、語の既知の形象〔イメージ〕の影響のもとで、頭の
なかに発生する連合の鎖のなかにある。語における思惟の表現は、思惟におい
て表象された対象から対象の語による表示へ、という、同じ連合的経路に沿っ
た逆方向の運動である。連合はたえず、次のような二つの表象のあいだの二面
的連関を保っている。すなわち、あるときは、外套がそれを着ている人を連想
させるが、他のときには、人の相貌がその人の外套を思い出させることができ
る。したがって、ことばの理解と、語における思惟の表現とには、どの想起の
働きや連合的結合と比べても、何らの新しいもの・特殊的なものが含まれてい
ないのである。

　連合理論の根拠薄弱さが意識され、それが実験的・理論的に証明されたのは、
かなり以前のことである。とはいえ、このことは、語と語義との本性の連合的
理解のゆくえに、いささかも反映されなかった。ヴュルツブルグ学派は、思考
を表象の連合的な流れに還元できないことや、思惟の運動・連結・想起を連合
法則の観点からは説明できないことを証明すること、思惟の流れを制御する独
特な法則性が実在することを証明すること、を自己の課題としていたが、この

学派は、語と語義との関係の本性に対する連合的な見方の再検討という意味では、何ひとつ為すところがなかった。そればかりか、この再検討の必要性という考え мысль さえ必要だとは見なさなかった。この学派は、神のものは神に、カエサルのものはカエサルに、と戻してから、ことばと思考とを切り離した。また、思惟をあらゆる形象的なもの・感性的なものから解放し、思惟を連合法則の支配下から連れ出し、思惟を純粋な精神的な働きに転化させて、アウグスチヌスやデカルトの前科学的な唯心論という源泉に回帰した。そのあと、この学派は、デカルトからさらに先に進み、「私たちは、我思うが故に我あり、と言うばかりか、同じく、私たちが措定し規定するように世界は存在する、と言う」とキュルペが表明したように、結局は、思考学説における極端な主観的観念論に行き着いた。こうして、神のものである思考は神に捧げられた。思考心理学は、キュルペ自身が認めたように、プラトンの観念への道に沿って、公然と運動しはじめたのである。

　それと同時に、この心理学者たちは、あらゆる感性の隷属から思惟を解放し、純粋な肉体なき精神的行為に思惟を転化させ、ことばをことごとく連合法則の支配に委ねてから、思惟をことばからもぎ取ってしまった。ヴュルツブルグ学派の仕事の後でも、語と語義との連関は、単純な連合だと見なされ続けた。こうして、語は思惟の外的表現であり、思惟の内的生活にまったく参加することのない思惟の衣裳なのであった。ヴュルツブルグ学派の時代におけるほど、思考とことばが切断され、心理学者の観念のなかで相互に断絶されたことは、けっしてなかった。思考の領域における連合主義の克服は、ことばの連合的理解をさらに大きく定着させた。思考はカエサルのものとしてカエサルに捧げられたのである。

　この路線の継承者であった・この潮流の心理学者の幾人かは、路線を変更しえなかったばかりか、それを深化させ発展させつづけた。たとえば、生産的思考の複合理論、つまり、究極的には連合理論がまったく根拠がないことを示したゼルツは、この理論の場所に新しい理論を押し出したが、新しい理論は、この潮流の仕事において、そもそもの始まりから規定されていた思惟と語との切

断を深化させ強化した。ゼルツはことばから切り離された思考それ自体を考察しつづけ、人間の生産的思考とチンパンジーの知的操作との原理的同一性という結論に行きついた。一それほど、語は思惟の本性にいかなる変化ももたらさなかったし、ことばからの思考の独立性はそれほど大きかったのである。

　語義を自己の専門的研究の直接の対象にして、概念に関する学説において連合主義を克服する道に初めて起ち上がったアッハでさえ、概念形成過程における決定する傾向を、連合的傾向とともに承認することより先に、進むことができなかった。それ故に、その結論において、彼は、語義のそれまでの理解の限界を超えださなかった。彼は、概念と語義とを同一視し、それによって、概念の変化・発達のあらゆる発達を排除している。一度発生した語義は不変で恒常的なままである。語義が形成されたときに、語義の発達の道は完成されている。だが、アッハがその意見に反対している心理学者たちも、同じことを説いているのだ。彼と彼の反対する人たちとの相違は、彼らが異なる形で語義の形成の出発点を描いている、という点にのみにある。しかし、アッハにとっても心理学者たちにとっても、同じように、この出発点が同時に、すべての概念発達の終着点なのである。

　同じ状態は、思考とことばとに関する学説の領域で、現代の構造心理学においても創りだされた。この潮流は、他の潮流よりも深く・一貫して・原理的に、連合心理学を全体として克服しようとした。それ故に、この潮流は、その先行者が行なったような、中途半端な問題解決に止まらなかった。それは、思考のみならずことばをも、連合法則の支配から連れだし、前者も後者も同じように構造形成の法則に従わせようとした。だが、現代のあらゆる心理学的潮流のなかでもっとも進歩的なこの潮流は、驚くべきことに、思考とことばとの学説において前に進まないどころか、この領域で、先行者と比べて、深刻にも一歩後退したのである。

　何よりもまず、この潮流は、思考とことばとのきわめて深い断絶を、そのまま完全に保持した。思惟と語との関係は、新しい学説に照らして、両者を構造という共通分母で通分することとの単純な類似性として、捉えられている。子

どもの最初の有意味語の起源を、この潮流の研究者たちは、ケーラーの実験におけるチンパンジーの知的操作との類似性で捉えている。彼らが説明するには、語は事物の構造のなかに入り込んで、ある機能的意義を獲得するのは、サルにとって棒が果実を取る場面の構造に入り込んで、道具という機能的意義を獲得することに似ている。こうして、語と語義との連関は、もはや単純な連合的連関とは考えられず、構造的連関と捉えられている。これは大きな一歩前進である。だが、私たちに事物の新しい理解を与えているものを注意深く見るなら、この一歩前進はたんなる幻想であり、私たちは、本質的には、連合心理学の、壊れた洗濯桶しか残らなかった〔得たものをすべて失った〕・それまでの場所に留まっていたと、容易に確信するであろう。

　たしかに、語と表示される事物とは、一つの構造を形成している。だが、この構造は概して、二つの事物のあいだのあらゆる構造的連関と完全に類似している。どの二つの事物も、棒と果実、語と表示される対象も、すべてが同じように、同一の法則にもとづく一つの構造に結合している。語は、またもや、他の諸事物と並ぶ事物の一つだ、と言うのである。語は事物であり、諸事物を結合する一般的な構造法則にもとづいて、語は他の事物と結合されている。だが、なにが語を他のあらゆる事物から区別し、語の構造を他のあらゆる構造から区別するのか、いかにして語は意識における事物であるのか、なにが語を語たらしめるのか、―これらすべてのことが、〔この潮流の〕研究者の視野の外側にある。語と語義への語の関係との特殊性の否定、すべてのあらゆる構造的連関の大海へのこれらの関係の溶解が、古い心理学に劣らず、新しい心理学にそのまま保持されているのである。

　実のところ、語の本性についての構造心理学の観念を明らかにするために、私たちは、語と語義との連関の本性に関して連合心理学の観念を説明しようとした・あの事例を、ことごとく再生することができるであろう。あの事例で語られたように、私たちには馴染みとなった外套が人物を想起させるのと同じように、語はその語義を想起させるのである。この命題は、構造心理学にとっても、その力を保持している。なぜなら、構造心理学にとって、外套とその持ち

第Ⅱ章　ヴィゴツキー：思惟と語（翻訳）　63

主とは、語とそれが表示する事物と同じ形で、一つの構造を形成しているから
である。その人の相貌がその外套を私たちに想起させるように、外套がその所
有者を私たちに想起させる、ということは、新しい心理学の観点からは、どち
らも構造法則によって説明されている。

　こうして、連合原理の座を、構造原理が占めるようになる。だが、この新し
い原理は、古い原理と同じように、諸事物のあいだのあらゆる関係一般に、普
遍的に、分化することなく押し拡げられている。私たちには古い潮流の代表者
たちから〔も〕、語とその語義との連関は棒とバナナとの連関と同じように形
成される、という声が聞こえてくる。はたして、これは、私たちの事例〔外套
とその持ち主の〕で語られている連関そのものではないのだろうか。事の核心
は、古い心理学と同じく新しい心理学においても、語と語義との特殊的関係を
説明するあらゆる可能性があらかじめ排除されている点にある。語と語義との
関係は、諸対象のあいだの他のありとあらゆる可能な関係と、何によっても原
理的に区別されないと、あらかじめ認めれているのである。以前には普遍的連
合性の〔観点からは〕夕暮れにネコを個々に識別できなかったのだが、同様に、
すべてのネコは、普遍的構造性の〔観点からは〕夕暮れに灰色に見えるのである。

　アッハは決定する傾向の助けで連合論を克服しようとし、新しい心理学は構
造原理の助けによってそうしようとしたが、その両者のいずれにおいても、古
い学説〔連合論〕の二つの基本的モメントが、そのまま保存されている。すな
わち、第1に、語と語義との連関と、他の任意の二つの事物の連関との、原理
的同一性を承認していること、第2に、語義の非発達性を承認していること、
である。古い心理学と同じように、新しい心理学にとっても、語義の発達はそ
れが発生した瞬間に終わっている、という命題が力を有している。だからこそ、
知覚や記憶に関する学説というような分野をかくも強力に前進させてきた・心
理学における様々な潮流の交替は、思考とことばとの問題におけるときには、
退屈かつ一様に一箇所で足踏みし・グルグルと回っている、という印象をひき
起こすのである。一つの原理が他の原理に交替する。〔そのときには〕新しい
原理は古い原理に明らかに対立している。だが、思考とことばとの学説におい

ては、〔諸潮流は〕一卵性双生児のように相互に似ていることが明らかになる。フランスの諺が言うように、大きく変われば変わるほど、ひとところに留まるのである。

　新しい心理学は、ことばに関する学説において古い場所に留まり、思惟の語からの独立性という観念をことごとく保持しているが、思考の学説の領域では、この心理学は著しく一歩後退している。このことは何よりも、新しい心理学が思考それ自体の特殊的法則性の存在を否定し、この特殊的法則性を一般的構造法則に溶かし込んでいく傾向にある、という点に現れている。ヴュルツブルグ学派は思惟を純粋な精神的行為の地位に押し上げ、語を低次の感覚的連合の支配に委ねた。この学派の基本的な短所はこの点にあるのだが、それでも、この学派は思惟の連結・運動・流れ・の特殊的法則を、表象・知覚の連結・流れ・のより初歩的な法則から、区別することができた。この面では、この学派は新しい心理学よりも上方に位置した。新しい心理学の方は、家禽の知覚・チンパンジーの知的操作・子どもの最初の有意味語・人間の発達した生産的思考を、普遍的構造という分母によって通分することで、有意味語の構造と棒・バナナの構造とのあいだのあらゆる境界を消去したばかりか、最良の形式の思考ともっとも初歩的な知覚とのあいだの境界をも消し去ったのである。

　思考とことばとの現代の基本的な諸学説のこうした大まかな批判的摘要が、私たちにもたらすものを総括してみるなら、これらの心理学的思惟のすべてに備わる一般的なものを、次のような二つの基本命題に容易に帰着させることができる。第１に、これらの潮流のどれも、語を語たらしめ、それなしには語が語そのものではなくなるような、もっとも主要なもの・基本的なもの・中心的なものを、語の心理学的本性において掌握していない。すなわち、語のなかに含まれた・意識における現実の反映のまったく独特な様式である一般化、を掌握していないことである。第２に、これらすべての学説は、語とその語義とを発達の外側で考察していることである。そうした二つのモメントは相互に内的に結びついているが、それは、語の心理学的本性に関する適切な観念だけが、語とその語義との発達の可能性を理解させてくれるからである。この二つのモ

メントが相互に交替するすべての諸潮流に保存されている限り、これらすべては基本的にお互いを繰り返している。それ故に、思考とことばとの学説の領域における現代心理学の個々の諸潮流の闘争と交替は、ハイネの滑稽詩を想起させる。そこでは、逝去するまで自己に忠実であり、かつて彼に反対して決起した者たちの匕首によって殺害された、誉れ高き老シャブロンの治世について語られている。

> 相続者たちが王国と王権を
> 歓喜とともに分けあったとき
> 人々は言った—新しいシャブロンも
> 老シャブロンに似ている、と。

〔Ⅱ　機能的次元での考察—思惟から語への運動の諸平面〕

　語義の非恒常性・非不変性・可変性と語義の発達との発見は、唯一、思考とことばとの全学説を袋小路から抜け出させることのできる、主要で基本的な発見である。語義は非恒常的である。語義は子どもの発達の行程において変化する。語義は、思惟の機能の異なる様式のもとでも変化する。語義は、静的であるよりは、むしろ動的な形成物である。語義の可変性の究明は、語義そのものの本性が正しく規定されたときにのみ、可能であった。その本性は、なによりも、あらゆる語に基本的・中心的モメントとして含まれている一般化において、解明される。なぜなら、あらゆる語はすでに一般化しているからである。

　だが、語義がその内的本性において変化しうるならば、つまりは、思惟の語に対する関係も変化する。思惟の語に対する関係の可変性や動態を把握するためには、私たちが基本的な研究のなかで発展させた発生的図式のなかに、横断面のようなものを持ち込まねばならない。思考の働きにおける語義の機能的役割を解明することが必要なのである。私たちの仕事の全期間を通して、言語的

思考全体のすべての過程を詳述する機会は、一度もなかった。しかし、私たちは、この過程がどのように遂行されるのかを、もっとも基本的な特色において推察するために、必要なデータのすべてをすでに収集した。いまや、あらゆる現実の思考過程の複雑な構成と、それと結びついた・最初の漠然とした思惟の産出の瞬間から語による定式という最終的完成までの複雑な流れとを、全体として推察しようと思う。そのためには、発生的平面から機能的平面へ移行して、語義の発達過程・語義の構造の変化ではなく、生きた言語的思考の行程における語義の機能化の過程を、描写せねばならない。私たちがこれを為しうるなら、それよって、各発達段階には、語義の特殊な構造のみならず、この構造によって規定される・思考とことばとの独特な関係が存在することを、示しうるであろう。しかし、明らかに、機能の問題は、機能的構造のあらゆる巨大な複雑性が分化し成熟した形で現れてくる・活動の、発達した高次の諸形式を研究が扱うときにこそ、もっとも容易に解決される。それ故に、発達の問題をしばらく脇において、発達した意識における思惟と語との関係の研究に取りかかることにしよう。

　これを行おうとするや否や、今度私たちの眼の前に開かれてくるのは、壮大で・きわめて複雑で・きわめて繊細な光景である。その光景は、研究者のきわめて想像豊かな図式をその構築様式の故に表象させうるすべてを、その様式の繊細さにおいて、凌駕するものである。〔そこでは〕「語の思惟に対する関係と新しい概念の形成とは、かくも複雑で・内密で・デリケートな・心の過程である」[2] というトルストイの言葉 слово が確証されている。

〔思惟から語への運動の第1平面─事柄ではなく過程として捉える〕

　この過程の図式的記述に移るまえに、今後の叙述の結果に先立って、今後の研究のすべてがその発展と解説になるはずの・基本的で指導的な観念について、

2　Л.Толстой, Ясно-Полянская школа за ноябрь и декабрь месяцы.〔11月と12月のヤースナヤ・ポリャーナの学校〕。

述べることにしよう。この中心的な観念は次のような一般的定式において表現することができる。すなわち、思惟の語に対する関係とは何よりも事柄ではなく過程であること、この関係とは、思惟から語への、また逆に、語から思惟への運動であること、である。心理学的分析の光に照らせば、この関係は、あらゆる変化をこうむりながら一連の相と段階とを通過する・発達していく過程と捉えられる。そうした変化は、そのもっとも本質的な指標にもとづくなら、本来の意味での発達と呼びうるものである。むろん、それは年齢的発達ではなくて機能的発達なのであり、思惟から語への思考過程そのものの運動は、発達である。思惟は、語において表現されるのではなく、語において遂行される。それ故に、語のなかでの思惟の生成(有と無の統一)について語ることができるであろう。あらゆる思惟は、何かを何かと結びつけ、それらのあいだの関係を樹立しようとする。あらゆる思惟は運動・流れ・展開を有するが、一言でいえば、思惟は、機能・仕事を遂行し、課題を解決する。そうした思惟の流れは、一連の平面を通る内的運動として、思惟の語への移行・語の思惟への移行として、実現される。したがって、思惟から語への運動として思惟の語に対する関係を研究しようとする分析で、もっとも最初の課題となるのは、この運動が構成されている諸相を研究すること、語のなかに具現化されつつある思惟が通過する一連の平面を区別すること、である。ここで研究者の眼の前に開かれてくるのは、「哲学などが思いもよらぬ」[3] 多くのものである。

〔思惟から語への第2平面——形相と意味の統一性と対立性〕

　何よりもまず、私たちの分析は、ことばそのもののなかに二つの平面を区別すること、へと導く。研究が示しているように、ことばの内的・意味的・意味論的な側面と外的・音声的・形相的な側面とは、真の統一体を形成しているとはいえ、それぞれが自己の独特な運動法則を持っている。ことばという統一体は複雑な統一体であって、均等で同質なそれではない。何よりもまず、ことば

3　シェイクスピア『ハムレット』第1幕第5場におけるハムレットの台詞。小田島雄志訳。

68

の意味論的側面と形相的側面とにおける〔それぞれの〕運動の存在は、子ども
のことばの発達の領域にかかわる一連の事実から明らかになる。もっとも主要
な二つの事実だけを指摘しておこう。

　明らかなことであるが、ことばの外的側面は、子どもの場合、一語から二、
三の語の連結へ、それから簡単な句、句の連結へ、さらに後には複雑な文へ、
展開された一連の文からなる・結合されたことばへと、発達する。こうして、
子どもは、ことばの形相的側面の獲得において、部分から全体へと進む。だが、
同じように明らかなことなのだが、子どもの初語は、その語義からすれば、ひ
とまとまりの句であり、一語文である。ことばの意味論的側面においては、子
どもは、全体から、文から始める。後になってようやく、子どもは、部分的な
意味的単位・個別的な語義の獲得へと移行する。一語文に合流して表現された
思惟を、一連の個別的な・相互に結びついた語義へと分割するのである。こう
して、ことばの意味論的側面と形相的側面との発達における出発点と終着点を
把握するなら、これらの発達は反対方向に進んでいる、と容易に確信できる。
ことばの意味的側面は全体から部分へ、文から語へと発達し、ことばの外的側
面は部分から全体へ、語から文へと発達するのである。

　ことばの意味的〔側面〕と音声的〔側面〕との運動を区別することの必然性
を確信するには、この事実そのものだけで、もはや十分である。それら両平面
における〔それぞれの〕運動は一つの路線に合流しつつも[4]一致することはなく、
上で吟味した場合に示されたように、反対方向の〔二つの〕路線に沿って実現
されうる。このことはけっして、ことばの二つの平面の断絶とか、その二側面
の各々の自律性・独立性とかを意味するわけではない。反対に、二つの平面の
区別は、ことばの二平面の内的統一性を樹立するための、最初の不可欠な一歩
である。これらの統一性は、ことばの二側面の各々における運動の存在、両者
の運動のあいだの複雑な諸関係の存在、を前提にしている。だが、ことばの統

4　「一つの路線に合流しつつも」に該当する原文は сливаясь и одну линию であるが、
сливаясь и в одну линию または сливаясь в одну линию とすれば文法的に筋が通るので、そ
のように解釈した。なお、同じ段落にある・同趣旨の「あたかも一つの路線に合流している」
は сливались бы в одну линию と書かれ、в が含まれている。

第Ⅱ章　ヴィゴツキー：思惟と語（翻訳）　69

一性の基礎にある諸関係の研究が可能になるのは、私たちが分析の助けを借り
て、ことばの諸側面―そのあいだにこそこれらの複雑な諸関係が存在しうる―
を区別した後のことである。もしも、ことばの二側面が同一であり、相互に一
致し、あたかも一つの路線に合流しているのであるなら、ことばの内的構成に
おけるいかなる諸関係についても、概して語ることはできないであろう。なぜ
なら、事物の自己自身に対するいかなる諸関係も、ありえないからである。私
たちの事例では、子どもの発達過程において反対方向を有する・ことばの二側
面の内的統一性は、それら相互の不一致に劣らず、明瞭に現れている。子ども
の思惟は、始めは、漠然として未分化な全体として誕生するのであるからこそ、
そのような思惟は、個別的な語ということばの部分のなかに現れざるをえない。
子どもはその思惟にとって身の丈の合ったことばの衣装を選んでいるかのよう
である。子どもの思惟が、分化して、個々の部分からなる構成に移行するのに
応じて、子どもは、ことばにおいて、部分から分化を含む全体へと、移行する。
その逆に、子どもがことばにおいて部分から文という分化した全体へと移行す
るのに応じて、子どもは思惟において、未分化な全体から部分へと移行するこ
とができる。このように、思惟と語は、そもそもの始めから、けっして一つの
型紙に沿って裁断されたものではない。ある意味では、両者のあいだには、調
和よりもむしろ矛盾が存在する、と言うことができる。ことばは、その構成に
おいて、思惟の構成の・単純な鏡のような反映ではない。それ故に、ことばは、
出来合いの服のように、思惟をまとうことはできない。ことばは、出来上がっ
た思惟を表現するのには役立たない。思惟は、ことばに転化するとき、改造さ
れ、変形される。思惟は、語において、表現されるのではなく、遂行されてい
る。したがって、ことばの意味的側面と音声的側面との発達という・相反する
方向をもつ諸過程は、その対立的方向性の故にこそ、真の統一性を形成するの
である。

　それに劣らず根幹的な他の事実は、より後の発達の時代に関連している。私
たちが言及したように[5]、子どもは、接続詞「なぜなら」「のに〔にもかかわらず〕」

5 『思考と言語』第6章が念頭におかれている。

「だから」「でも〔とはいえ〕」を伴う従属文の複雑な構造を、統語論的形式に照応する意味構造よりも早く獲得する、とピアジェは確認した。文法は、子どもの発達において、彼の論理よりも先を進む。因果関係・時間的関係・反意的関係・条件的関係その他を、自然発生的なことばや然るべき状況のなかで正しく適切に使用する子どもは、学齢期〔小学校期〕の全期間においてもまだ、これらの接続詞の意味的側面を意識していないし、その側面を随意的に用いることはできない。つまりは、複雑な統語論的構造の獲得において、語の意味的側面の運動と形相的側面の運動とは発達的に一致していないのである。語の分析は次のことを示しているかのようである。すなわち、前の事例におけるのと同じように、子どものことばの発達における文法と論理との不一致もまた、両者の統一性を排除しないばかりか、逆に、この不一致こそが、複雑な論理的諸関係をあらわす・語義と語との内的統一性を可能にするのである。

〔文法的カテゴリーと心理学的カテゴリーとの不一致—主語と述語をめぐって〕

それほど直接的ではないが、そのかわり更にくっきりと現れるのは、発達した思惟の機能化における・ことばの意味論的側面と形相的側面との不一致である。このことを明らかにするために、私たちの考察を発生的平面から機能的平面に移動させねばならない。だが、まずは、ことばの発生から採取された事実がすでに、機能的な面においても、いくらかの結論を導きだすことを可能にしている、と気づくはずであろう。私たちが見てきたように、ことばの意味的側面と音声的側面との発達が初期の子ども期 раннее детство の全期間を通して反対方向に進むとすれば、私たちがことばの二平面の相互関係を考察し始めたどの瞬間・どの地点でも、二平面のあいだには、完全な一致はまったく示しえない。しかし、ことばの機能的分析から直接的に取り出される諸事実は、はるかに示唆的である。そうした事実は、現代の心理学的方向性を持つ言語学には、よく知られている。これに関連する一連の事実の全体から前面に押し出されねばならないのは、文法的な主語・述語と心理学的な主語・述語との不一致である。

フォスラーは次のように述べている。「文法的解釈の道ほど、何らかの言語現象の心的意味を解釈することにとって、正しくない道はあるまい。この道において不可避的に発生するのは、ことばの心理学的成分と文法的成分との不一致によってひき起こされる理解の誤りである。ウラントは『エルンスト・シュヴァフスキー公爵』への序文を、『峻厳な情景が諸君の眼前に繰り広げられるだろう』という言葉 слово で始めている。文法構造の観点からすれば、『峻厳な情景』が主語であり、『繰り広げられる』が述語である。しかし、文 фраза の心理学的構造の観点、この詩人が述べたかったことの観点からすれば、『繰り広げられる』が主語であり、『峻厳な情景』が述語である〔『諸君の眼前に繰り広げられるのは峻厳な情景である』〕。詩人がこれらの語で言いたいことは、諸君の眼前に進行していくものは悲劇なのだ、ということである。聞き手の意識において、第1のものは、眼の前で進行するのは情景である、ということに関する表象であった。これは、この文 фраза で何について言われているのか、ということ、つまり心理学的主語である。そうした主語について語られる新しいものは、悲劇の表象であり、それが心理学的述語である」。

　そうした文法的主語・述語と心理学的なそれらとの不一致をいっそう明瞭に説明することができるものは、次の事例である。「時計が落ちた」という文を取り上げてみよう。そこでは「時計」が主語であり、「落ちた」が述語である。そして、この文は異なる状況において二通りに発音されること、したがって、二つの異なる考えを同じ形式で表現することを思い浮かべてみよう。私は時計が置かれていることに注意を払い、何が起きたのかと質問する。すると、「時計が落ちた」と答えが返ってくる。この場合、私の意識にはまず、時計についての表象があった。この場合には、時計が心理学的主語であり、語られているもの〔対象〕である。第2に発生したのは、時計が落ちたという表象であった。この場合、「落ちた」は、心理学的述語であり、主語について語っている。この場合には、文の文法的成分と心理学的成分とが一致しているが、両者が一致しないこともある。

　机に向かって仕事をしているときに、私はモノが落ちたことによる騒ぎを聞

きつけ、何が落ちたのかを尋ねる。「時計が落ちた」という〔先述のものと〕同一の文で答えが返ってくる。この場合、私の意識にはまず、落ちたという表象があった。「落ちた〔のは〕」はこの文において語られているもの、つまり、心理学的主語である。この主語について語っている・意識のなかで第2に発生するものは、時計の表象であり、これが、この場合には、心理学的述語である。本質的に、この思惟は、「落ちたものは時計である」と、表現できるであろう。この場合には、心理学的述語と文法的述語は一致しているようだが、私たちの〔解釈する〕場合には、両者は一致しない。分析が示すように、複雑な文では文のどの成分も心理学的述語となりうるが、そのとき、その成分は自己に論理的アクセントをもたらすのであり、アクセントの意味論的機能はまさしく心理学的述語の析出にある。パウルは述べている――「文法的カテゴリーはある程度まで心理学的カテゴリーの石化であることを表しており、それ故に、文法的カテゴリーは、その意味論的態勢を顕わにする論理的アクセントによって、蘇生されることを必要としている」。パウルは、同一の文法構造の背後にその多種類の心的意見がいかに隠されうるのか、を指摘したのである。おそらく、ことばの文法的態勢と心理学的態勢との一致は、私たちが考えているほど頻繁には起こらない。むしろ、その一致は私たちが当然のように仮定しているにすぎず、実際には、まれにしか、あるいは、まったく実現されていない。音声論、形態論、語彙論、意味論のいずれにおいても、また、律動論、韻律論、音楽においてさえ、文法的あるいは形式的カテゴリーの背後には、心理学的カテゴリーが隠されているのである[6]。ある場合には、両者はあきらかにお互いを覆い隠しているが、他の場合には、ふたたび分岐していく。形式の心理学的要素と語義、心理学的主語・述語について語ることができるばかりか、心理学的な数・性・格・代名詞・最上級・未来時制などについて語ることができる。主語・述語・性の

6　パウル『言語史原理』(1880年)の第15章「心理的範疇と文法的範疇」・第16章「構文(論)よりみた文節の推移」が念頭におかれている。ヴィゴツキーの言及する「多種類の心的意見」云々は、「文法的範疇は確定した伝統に結びついている。これに対して、心理的範疇は常に自由で、いきいきとその作用を続けるもので、これは個人的な見解に応じて、種々雑多に変化しながら形成されることができる」(前出、福本喜之助訳、講談社学術文庫、1993年、第15章・§180)を指しているであろう。

第Ⅱ章　ヴィゴツキー：思惟と語（翻訳）　73

文法的・形式的概念とならんで、それらの心理学的分身、あるいは、心理学的原型が存在することを、認めねばならない。言語の観点からすれば誤りだとされるものが、もしそれが独創的な天性から生まれているなら、芸術的価値を持つこともある。

　　微笑みもなく紅を塗った唇のように
　　文法的な誤りのない
　　ロシアのことばを、僕は好まない—

というプーシキンの詩[7]は、通例考えられているよりも、深い意義を持っている。一般的なもののために為される・不一致の完全な除去、無条件に正しい表現は、言語とその習熟との向こう側—数学においてのみ、達成される。言語から生じながらも・言語を克服する・思考を、数学のなかに見出した最初の人は、明らかに、デカルトであった[8]。私たちの普通の談話的な言語は、それに固有な・文法的なものと心理学的なものとの・動揺と不一致・の故に、数学と空想との調和の諸理想のあいだの・可動的な均衡状態、私たちが進化と名づける絶えざる運動、のなかにある。

〔ことばの文法構造の変化がもたらす意味の変動—文法的性とその翻訳の事例〕

　これらの事例のすべてを引用したのは、ことばの形相的側面と意味論的側面との不一致を示すためであったが、それと同時に、これらの事例は、語のそうした不一致性が、両者の統一性を排除しないばかりか、それとは逆に、その統一性を必然的に前提にしていること、を示している。実際のところ、この不一

7　『エヴゲニー・オネーギン』第3章XXVIIIから引用されている。
8　おそらくヴィゴツキーはデカルトの次の文言を念頭においているのであろう。—「a²、b³、そのほか類似の書き方をするとき、私も代数学で用いられている語をつかって、これを平方、立方などと呼びはするが、普通は単なる線しか考えていないのである」（『幾何学』第1巻、原亨吉訳、『デカルト著作集』第1巻、白水社、2001年、p.4）。

74

致は、語における思惟の遂行を妨げないばかりか、思惟から語への運動が実現されるための必要条件でもある。私たちが二つの事例で説明しようとするのは、いかにして形式的・文法的構造の変化がことばの意味全体のもっとも深い変化をもたらすのか、についてであるが、それは、ことばの二平面のあいだの内的依存性を解明するためである。クルィローフは、トンボには使われない「跳ねまわる」という形容を与えておいて、寓話「トンボとアリ」のなかでラ・フォンテーヌのキリギリスをトンボに代えた。フランス語では、女性形であるキリギリスは、それ故に、その形象に女性的な軽率さや暢気さを具現化させるのに、まったく適している。だが、ロシア語で「キリギリスとアリ」を翻訳すると、軽薄さを表す意味的ニュアンスが必然的に消えていく。したがって、クルィローフにあっては、文法上の性が現実の語義に打ち勝っている—トンボは飛び跳ねたり歌ったりしないが、ともかくキリギリスのすべての特徴（跳ねまわる、歌う）を持たせつつ、キリギリスはトンボにされた。意味のあらゆる完璧さを適切に伝達するには、寓話の主人公のための女性形という文法的カテゴリーが必然的に保持されることが、必要であったのである[9]。

ハイネの詩「松と椰子」の翻訳には反対のことが起こった。ドイツ語では「松」の語は男性形である[10]。そのおかげで、この物語全体が女性への愛という象徴的意義を得ている。ドイツ語のテクストのそうした意味的ニュアンスを保つために、チュッチェフは松を杉 кедр に代えた—「ひとりっきりの杉が立っている」と[11]。

レールモントフは、几帳面に翻訳し、そうした意味的ニュアンスを詩から抜き取ることで、この詩に本質的に別の意味—より抽象的で一般化された意味—を与えた。こうして、一つの文法的ディテールの変化が、しかるべき条件のも

9　ラ・フォンテーヌの作品のもともとのタイトル（したがって主人公）は「セミとアリ La Cigale et la Fourmi 」であり、この作品がイギリスで英訳されるときに「キリギリスとアリ」にされたようである。セミ la Cigale も、キリギリス grasshopper の仏訳 la sauterelle も、ともに女性形であり、ロシア語のキリギリス кузнечик（クズネーチク）は男性形であるので、文献的には不正確であるとはいえ、ヴィゴツキーの文意に矛盾はない。

10　ハイネの詩の原文では、女性形の「松」Kiefer ではなく、男性形の「松の木」Fichtenbaum が使われている。ロシア語の「松」сосна は女性形である。

11　ロシア語の「杉」кедр は男性形である。

とでは、ことばの意味的側面の全体を変化させている、と思われるのである。

　私たちがことばの二平面から認知したことを総括してみるなら、次のように言うことができる。この二平面の不一致、語の背後にある・第2の・内的な・ことばの平面の存在、思惟の文法の自立性、語義の統語論が、きわめて単純なことばの発話のなかに見出させるものは、ことばの意味的側面と音声的側面のあいだの・一度で永遠に与えられた・不動で恒常的な関係ではなく、語義の統語論から意味の統語論への運動・移行、思惟の文法から語の文法への転化、語のなかで具現化されるときの意味構造の変形、なのである。

〔子どものことばにおける形相・意味の考察から―事物の一部としての語・音〕

　ことばの形相的側面と意味論的側面とが一致しないのなら、ことばによる発話が直ちに自己のあらゆる完全さにおいては発生しえないことは、明らかである。なぜなら、私たちが見てきたように、意味論的統語論と語の統語論とは、同時に、一緒に、発生するわけではなく、一方から他方への移行・運動を前提にするからである。ところで、語義から音声への移行という複雑な過程は、言語的思考の完成における基本路線の一つを形成しながら、発達を遂げていく。そのような意味論と音韻論とへのことばの分解は、直ちに、始めから、与えられたものではなく、発達の行程においてのみ発生する。子どもは、ことばの二側面を分化させ、それらの区別とそれら各々の本性とを、意識しなければならないのである。そうしなければならないのは、意味づけられたことばの生きた過程において、自然に前提とされている・段階に沿って、下降していくためである。最初に、子どもたちに見出されるのは、語の形式と語義との無自覚性、両者の未分化性である。語とその音声的構成とは、子どもによって、事物の一部として、あるいは、事物の他の性質と切り離されない性質として、知覚されている。明らかに、これは、あらゆる原始的な言語的意識に固有な現象である。

　フンボルトはある小噺を引用している。そこで語られているのは、星に関する宇宙論専攻の学生たちの会話を聞いた庶民が、彼らにどのように質問したの

か、であった。「あらゆる機器を使って、地球から極めて遠い星までの距離を測定することができたことや、星の分布と動きを知ることができたことは、理解できる。しかし、私が知りたいのは、星の名前をどのように知ったのか、ということだ」。この人が前提としたのは、星の名前は星そのものからのみ知ることができる、ということだった。子どもたちとの簡単な実験が示しているように、就学前期にはまだ、子どもは対象の名前を対象の性質によって説明している。「雌牛が『雌牛』と名づけられるのは、角があるから。『子牛』と言うのは、まだ小さな角だから。『馬』と言うのは、角がないから。『犬』と言うのは、角がなくて小さいから。『自動車』と言うのは、まったく動物ではないから」。

　ある対象の名前を他のそれと置き換えられるかどうか、たとえば、雌牛をインクと呼び、インクを雌牛と呼ぶことができるかどうか、という質問をすると、子どもたちは、それはまったくできない、なぜなら、インクは書くもので、雌牛はミルクを出すものだから、と答えている。事物の名前とその性質とは相互に密接に切り離しがたく結びついているのだから、名前の転移は、ある事物の性質さえ他の事物に転移させるかのようである。子どもには、ある事物の名前を他の事物に転移させることが、いかに困難であるかは、次のような実験から明らかである。そこでは、教示によって、対象を本当でない名前で呼ぶという約束上の名前が決められている。この実験では、「雌牛―犬」と「窓―インク」というように名前が置き換えられている。「犬に角があるなら、この犬はミルクを出すの？」―と子どもに尋ねる。―「出すよ」。「雌牛には角があるの？」―「あるよ」。「雌牛は犬のことだから、じゃあ、犬には角があるの？」―「もちろん、犬が雌牛なら、雌牛と呼ばれるなら、角もなくちゃいけない。雌牛と呼ばれるってことは、角もなきゃいけないってこと。雌牛と呼ばれる犬には、小さな角が絶対になきゃいけない」。

　この事例から見出されるのは、いかに子どもには事物の名前を事物の性質から切り離すことが困難であるのか、〔名前の〕転移に当たって、いかに事物の性質は、その持ち主〔名前〕の財産のように、名前につき従っていくのか、ということである。インクと窓との名称変更のとき、それらの性質についての質

問の折にも、同様の結果が得られている。最初、正しい答えには大きな困難が伴っているが、インクは透明なのかどうかの質問には、否定的な答えである「ちがう」が得られている。「でも、インクは窓で、窓がインクなのだから」――「だって、インクはやはりインクで、透明じゃない」。

　私たちはこれらの事例によって、もっぱら、次の命題を例解したいのである。すなわち、語の音声的側面と意味的側面とは、子どもにとって、まだ直接的な統一体であり、未分化で意識されない統一体である。子どものことばの発達のもっとも重要な路線の一つは、まさしく、この統一体が分化しはじめ、意識されはじめることにある。こうして、発達の始まりには、ことばの二側面の合流があり、それらの段階的な分離がある。つまり、二側面のあいだの距離が、年齢とともに、語義とその自覚性との発達における各段階とともに、成長していき、ことばの意味論的側面と形相的側面との特殊的関係に、語義から音声への移行の特殊な道に、照応するようになる。ことばの二平面の不十分な境界づけは、幼い年齢期における思惟の表現・理解の可能性の限界と、結びついているのである。

　語義のコミュニケーション機能に関する私たちの研究のごく始まりに述べたことに注意を払うなら、ことばによる子どもの交通は、彼のことばにおける語義の分化と語義の意識化とに直接に結びついていることが、明らかになるであろう。

〔意味論的構造における語の対象所属性と語義との区別―命名機能と信号機能〕

　この考え мысль を了解するためには、私たちの実験結果を分析するときにすでに言及したことだが、語義の構成における一つの極めて本質的な特殊性を、詳しく述べねばならない。たとえば、私たちは語の意味論的構造において語の対象所属性と語義とを区別して、両者が一致しないことを示そうとした。機能的側面から見れば、このことは、一方での語の直接法的な命名機能と、他方での語の信号機能との区別へと導いた。そうした構造的関係・機能的諸関係を発

達の始まり・中間・終わりにおいて比較するなら、次のような発生的法則の存在を確信しうるであろう。発達の始まりにおいて、語の構造のなかに存在するのはもっぱら語の対象所属性であり、諸機能のなかでは直接法的な命名機能だけである。対象所属性から独立した語義、対象の指示と名称とから独立した記号化は、より後に発生し、私たちが追跡し・上記のように描こうとした・路線に沿って、発達するのである。

だが、この場合に明らかになることだが、語の構造的特殊性・機能的特殊性の発生のごく始まりから、これらの特殊性は、大人と比べて子どもの場合には、二つの対立的側面に傾いている。一面では、語の対象所属性は、子どもにあっては、大人よりもはるかに明瞭で強力に現れている。子どもにとって、語は事物の部分、事物の性質の一つを表し、子どもの語は、大人の語と比べて、はかり知れず密接に対象と結びついている。このことは、子どもの語において、対象所属性のはるかに大きな比重をひき起こしている。他面では、子どもの語は、私たちの場合よりも、対象とより密接に結びついており、また、事物の部分を表しているかのようであるからこそ、〔子どもの〕語は、大人の場合よりも容易に、対象から引き離され、思惟において対象の代理をし、自立的生活を生きることもある。このように、語の対象所属性と語義との不十分な分化性がもたらすものは、子どもの語は、大人の語よりも、現実の近くにあることと同時に、現実から遠くにあること、である。こうして、子どもは始めは、語義と対象とを、語義と語の音声的形式とを分化させていない。発達の行程において、この分化は一般化の発達に応じて起こり、いまや真の概念が見られる発達の終わりには、上述したような、ことばの分解された平面のあいだに、あらゆる複雑な諸関係が発生するのである。

そうした年々成長していく・ことばの二平面の分化は、語義の統語論が語の統語論へと転化するにあたり、思惟が切り拓いていく道の発達をも伴っている。思惟は、文の一語に、論理的アクセントを付けていく。論理的アクセントによって心理学的述語を際立たせるが、そのアクセントがなければ、どの文も理解できなくなる。発話は、内的平面から外的平面への移行を必要とするが、理解は、

第Ⅱ章　ヴィゴツキー：思惟と語（翻訳）　79

逆の運動を—ことばの外的平面から内的平面への運動を前提としている。

〔思惟から語への運動の第3平面—ことばの意味論的平面の奥にある・独自
　の本性をもつ内言〕

　だが、私たちが示した道に沿って、さらに一歩進み、なおもいくらか深く、
私たちはことばの内的側面に入り込まねばならない。ことばの意味論的平面は
もっぱら、ことばの内的平面全体の初歩的で最初の平面にほかならない。その
背後に、研究者の眼前に開かれてくるのは、内言の平面である。内言の心理学
的本性の正しい理解がなければ、思惟の語に対する諸関係を、そのあらゆる現
実的複雑さにおいて解明する可能性はないし、あり得ないであろう。だが、こ
の問題は、思考とことばに関する学説に関係するすべての問題のうちで、おそ
らく、もっとも錯綜した問題である、と考えられる。この問題は完全に特別な
研究に値するのであるので、私たちは内言のそうした専門的研究のいくらかの
基本的データを引用しない訳にはいかない。なぜなら、それなしには、思惟の
語に対する諸関係を把握しえないであろうからだ。

　錯綜は専門用語の不明瞭さから始まっている。「内言」つまり「内言語
эндофазия」の用語は、文献のなかで、きわめて多様な現象に用いられている。
ここから一連の誤解が生じている。研究者たちは、異なる事物について、同一
の用語を用いながら、しばしば論争しているからだ。まず、この問題に専門用
語上の明瞭さを施そうとしないなら、内言の本性についての私たちの知識を、
何らかの体系のなかに組み入れる可能性は存在しない。この作業はまだ誰に
よってもなされていないので、驚くにはあたらないが、今日まで内言の本性に
ついての単純な事実データでさえ、いくぶんなりとも体系的に叙述する著述家
は一人もいないのである。明らかに、この用語の第1の語義は、内言を言語的
記憶とする理解であった。私は暗記した詩をそらんじることができるが、記憶
のなかだけでもその詩を再現することができる。語は、他のあらゆる対象と同
じように、詩についての表象または記憶の形象によって代替されうる。この場

合、対象についての表象が現実の対象と区別されるのとまったく同じように、内言は外言と区別されている。フランスの著述家たちが内言を理解したのはまさしくこの意味においてであり、記憶の何かの形象─音響的、視覚的、運動的、総合的な─のなかに語の回想が実現されていることを研究したのである。私たちが以下において検討するように、言語的記憶は内言の本性を規定するモメントの一つを表している。だが、内言の本性そのものは、もちろん、この概念を汲み尽くしていないばかりか、この概念と直接的には一致していない。古い著述家たちのなかに見出されるのは、たえず、記憶にもとづく語の再現と内言とのあいだの等号である。実のところ、これらは、区別されるべき・二つの異なる過程である。

　内言の第2の語義は普通の言語的行為の短縮と結びついている。この場合に内言と呼ばれるものは、発音されない・音声のない・沈黙の・ことば、つまり、ミラーの有名な定義によれば、ことば・マイナス・音声、である。ワトソンの考えによれば、内言は外言と同じものだが、ただし不徹底な外言なのである。ベフテレフは内言を運動部分に現れない言語反射と規定し、セチェノフはその道程の3分の2で遮断された反射と規定した。内言のそうした理解も、従属的モメントの一つとして、内言の科学的概念のなかに含めることができるのだが、この理解も、第1の理解と同様に、この概念の全体を汲み尽くしていないばかりか、この概念とまったく一致していない。語の無声の発音は、まだ内言の過程をいささかも意味していない。近年、シリングは、内言と内的発話 внутреннее говорение とを専門用語上、区別するように提案したが、先ほど述べた著述家たちが内言の概念に含み入れた内容を、内的発話の用語で表示したのである。この内的発話の概念が内言から区別されるのは、量的には、この概念が言語活動の受動的過程ではなく能動的過程のみを考慮に入れていることによるし、質的には、この概念がことばの機能の最初の運動的活動を考慮に入れていることによるのである。この観点からすれば、内的発話は、内言の部分的機能であり、初期的性格を持つ言語運動的行為である。その行為の刺激は、調音的運動にまったく現れないか、不明瞭に表現された無声の運動のなかで発現

第Ⅱ章　ヴィゴツキー：思惟と語（翻訳）　81

するか、であるのだが、その刺激は、思考機能を同伴し、それを強化したり停滞させたりしている。

　最後に、第3の、この用語のあらゆる理解のうちでもっとも曖昧なものは、著しく肥大化した解釈を内言に与えている。その歴史には立ち入らないでおくが、多くの著述家の仕事に見られるその現代的状況を、短く描いておこう。

　ゴールドシュテインが内言と呼んだものは、発話の運動的行為に先行するすべてのもの、概してことばの内的側面の全体、である。彼はこの内的側面のなかに二つのモメントを区別している。すなわち、第1に、言語学者のいう内的言語形式、つまりヴントのいうことばの動機であり、第2に、近似的にいえば、無規定で、感覚的でも運動的でもないが、特殊な・ことばの心的体験 переживание の存在である。それは、正確に特徴づける必要がないほど、皆によく知られているものである。こうして、あらゆる言語活動の内的側面を内言の概念に結びつけ、フランスの著述家たちのいう内言とドイツの著述家たちのいう語概念とを一つに混ぜ合わせつつ、ゴールドシュテインは、内言をあらゆることばの中心に押し出している。ここでは定義のネガティヴな側面、感覚的過程と運動的過程は内言において従属的な意義をもっている、という指摘こそ正しいのだが、〔定義の〕ポジティヴな側面は、きわめて錯綜していて、それ故、正しくないのである。ことば全体の中心点を、どのような機能的分析にも構造的分析にも、概して客観的分析になじまない・直観的に把握される心的体験と同一視することには、反対せざるを得ない。それはちょうど、心理学的分析によって余すところなくうまく分解された・個々の構造的諸平面が埋ずまり溶け込んだ内言と、この心的体験とを同一視することに、反対せざるを得ないのと同じである。この中心的な・ことばの体験は、どの種類の言語活動にも共通しているので、すでに、唯一、内言と呼ぶに値する特殊的・独自的な・ことばの機能を取り出すには、まったく適していないのである。本質的にいえば、ゴールドシュテインの観点を首尾一貫して徹底するなら、彼のいう内言は、けっしてことばではなく、思考活動・感情的 – 意志的活動である、と認めねばならない。なぜなら、〔彼のいう〕内言は、ことばの動機と・語のなかに表現された

82

思惟とを、含んでいるからである。最良の場合でも、その内言は、発話の瞬間までに経過するすべての内的諸過程、つまり、外言の内的側面の全体を、未分解な形で包含しているのである。

内言の正しい理解は、次のような命題から出発しなければならない。すなわち、内言はその心理学的本性に関して独特な形成物であり、自己の完全に特殊な独自性を持ち・他の種類の言語活動への複雑な関係にある・独特な種類の言語活動である、という命題である。一方では思惟に対する、他方では語に対する、内言の諸関係を研究するためには、何よりもまず、両者とは異なる特殊な特質を発見し、その完全に独特な機能を解明する必要がある。私が自己に語るのか、あるいは、他者に語るのかどうかは、どうでもよいことだとは思われない。内言は自己のためのことばである。外言は他者のためのことばである。〔内言・外言という〕両者のことばの機能における、そうした根本的で基礎的な相違が二つの言語機能の構造的本性にとって影響のないものというと、予備的ではあっても仮定してはならない。それ故に、ジャクソンやヘッドが行うように、内言を、外言とは本性において異なるのではなく、程度において異なるもの、と見なすことは正しくない、と思われるのである。ここでの問題は音声化にあるのではない。音声化の有無そのものは、内言の本性を私たちに説明する原因ではなく、この本性から生じてくる結果である。ある意味では、内言は、外言に先行するものでも外言を記憶のなかで再生するものでもなく、外言と対立するものでもある、ということができる。外言は思惟の語への転化の過程であり、思惟の物質化・客観化である。ここには、方向性としては逆である、外から内へ進む過程、ことばが思惟へと気化する過程もある。ここから、外言の構造とは区別される・あらゆる特質を持つ、内言の構造が生まれてくる。

〔Ⅲ　内言の研究方法—自己中心的言語の発生的分析〕

内言は、心理学研究のもっとも困難な領域なのかもしれない。だからこそ、

第Ⅱ章　ヴィゴツキー：思惟と語（翻訳）　83

内言についての学説のなかには、大量の・まったく恣意的な構成と、思弁的な構造とが見出されるが、どのようなものにせよ可能な事実データがほとんど含まれていない。この問題への実験は指標的なものとしてのみ用いられてきた。研究者たちが捉えようとしたのは、かろうじて眼につき・最良の場合でもその意義に関して三段階の・いずれにせよ内言の中心核の外側にある・調音と呼吸とにおける付随的な運動的変化の存在であった。この〔内言の〕問題は、それに発生的方法がうまく用いられていないうちは、実験的にはほとんど手つかずのまま残されてきた。発達は、ここでも、人間の意識のもっとも複雑な機能の一つを理解する鍵であった。それ故に、内言の研究の適切な方法の発見は、実際に問題の全体を、停止状態から進捗させるものであった。したがって、まずもって、方法について詳しく述べようと思う。

　明らかに、ピアジェは初めて、子どもの自己中心的言語の独特な機能に注意を払い、自己中心的言語をその理論的意義において評価することができた。彼の功績は、日常的に繰り返され・子どもを見たことのある人なら誰でも知っている・この言語を見過ごさずに、それを研究し理論的に意味づけようとしたこと、にある。しかし、彼は、自己中心的言語が含んでいるきわめて重要なもの、つまり、自己中心的言語の内言との発生的な類縁性と連関とに眼をつむったままであった。その結果、自己中心的言語の固有の本性を、機能的・構造的・発生的側面からすれば、誤って解釈したのである。私たちの内言の研究では、ピアジェを出発点として用いながらも、まさしく自己中心的言語と内言との関係の問題を、中心に押し出した。私たちが思うには、このことが初めて、今までにない十全さをもった実験の道によって、内言の本性を研究することを可能にしたのである。

　私たちはすでに、自己中心的言語は内言の発達に先行する一連の段階を示している、という結論にたどり着かせた・あらゆる基本的な理由を、すでに述べておいた[12]。この理由は三重の性格を持っていたことを想起したい。すなわち、

_____

12　『思考と言語』第2章「J・ピアジェの学説における子どものことばと思考の問題」が念頭におかれている。

機能的性格（私たちは、自己中心的言語が内言のような知的機能を遂行していること、を発見した）、構造的性格（私たちは、自己中心的言語がその構成に関して内言に接近していること、を発見した）、発生的性格（私たちは、ピアジェが確認した・学齢期開始の時期に向けた自己中心的言語の消滅の事実を、内言の発達の始まりをこの同じ時期に関連づけさせる一連の事実と対比した。ここから、学齢期の境い目において生起するものは、自己中心的言語の消滅ではなく、この言語の内言への移行といっそうの成長である、と結論づけた）である。そうした、自己中心的言語の構造・機能・前途に関する新しい作業仮説は、自己中心的言語の学説全体を根本的な形で再編成する可能性のみならず、内言の本性についての問題の深部に入っていく可能性をも与えてくれた。自己中心的言語は内言の初期形式である、という私たちの仮定が信頼するに足るならば、それによって、内言の研究の方法に関する問題は解決されることになる。

　自己中心的言語は、この場合、内言の研究への鍵である。〔自己中心的言語の〕第1の便益は、自己中心的言語がまだ声となって聞こえること、つまり、その発現様式については外言であり、それとともに、その機能と構造とにおいては内言である、という点にある。複雑な内的過程の研究にあたり、観察される内的過程を実験化し・客観化するために、内的過程を何らかの外的活動と結びつけながら、その〔過程の〕外的側面を実験的に創り出さねばならないし、内的過程の外的側面の観察にもとづいた・その〔過程の〕客観的‐機能的分析を可能にするために、内的過程を外側に持ち出さねばならない。ところで、自己中心的言語の場合には、私たちは、そうしたタイプにもとづいて構成された自然的実験を扱っているかのようである。これは、直接的な観察・実験化が可能である内言である、つまり、その本性からすれば内的過程でありながら現れにおいては外的過程、なのである。私たちの見方では、自己中心的言語の研究が、なぜ内言の研究の基本的方法でもあるのか、という主要な原因は、ここにある。

　この方法の第2の優位性は、この方法が、静的ではなく動的に、自己中心的言語の研究を可能にしていること、つまり、この言語の発達過程、その一つの特質の順次的な減少と他の特質の緩やかな増加との過程において、この言語の

研究を可能にしていること、にある。このことのおかげで、内言の発達の傾向について判断し、内言にとって非本質的であり発達の行程で脱落していくものと・この言語にとって本質的であり発達の行程で強化され増殖していくものとを・分析する可能性が生まれてくる。最後に、そうした内言の発生的傾向を研究しながら、自己中心的言語から・その境目にある内言への運動とは何か、つまり、内言の本性はどのようなものか、について、補問の方法によって結論づける可能性が生まれてくる。

〔ピアジェとヴィゴツキーとにおける自己中心的言語の理解の相違〕

この方法によって得られた基本的な結果を述べるまえに、私たちの方法の理論的基礎を最終的に明瞭にするために、自己中心的言語の本性の一般的理解について、若干述べておこう。この叙述にあたり、自己中心的言語の二つの理論—ピアジェのと私たちの—を対比することから始めてみよう。ピアジェの学説によれば、子どもの自己中心的言語は子どもの思惟の自己中心性の直接的な表現であり、その思惟の自己中心性とは、今度は、子どもの思考の原初的自閉性とそうした思考の段階的な社会化とのあいだの妥協である。その妥協は、各年齢段階にとって独特であり、子どもの発達に応じて、自閉性の要素は減少して社会化された思惟の要素が増殖するという、言うなれば、動的な妥協である。そのおかげで、思考における自己中心性は、ことばにおける自己中心性がそうであるように、段階的に無へと下降していくのである。

自己中心的言語の本性のそのような理解から、このタイプのことばの構造・機能・前途に対するピアジェの見方が生まれてくる。自己中心的言語において、子どもは大人の思惟に適合すべくもない。それ故に、子どもの思惟は、最大限に自己中心的なままであり、それは、他者には自己中心的言語の理解しがたさとして現れ、この言語の短縮性やその他の構造的特殊性として現れている。機能に関して、自己中心的言語は、この場合には、子どもの活動の主旋律に随伴し・この旋律そのものを何ら変更しない・単純な伴奏・以外にはなりえない。これは、

自立的な機能的意義をもつ現象であるよりは、むしろ付随的現象である。この言語は、子どもの行動・思考において、どのような機能も遂行しない。最後に、この言語が子どもの自己中心性の表現であり、また、自己中心性が子どもの発達の行程で消滅を運命づけられている限り、当然のことながら、子どもの思惟における自己中心性の死滅と並行して、この言語の発生的前途もまた死滅である。したがって、自己中心的言語の発達は下降曲線に沿って進んでいき、その頂点は発達の始まりにおかれ、学齢期の境い目にはゼロにまで下落していく。こうして、自己中心的言語について、そのすべての未来は過去にあると、神童についてのリストの言葉によって語ることができる。この言語は未来を持っていない。この言語は、子どもとともに発生したり発達したりせずに、進化の過程であるよりは、むしろ、その本性に関しては退縮の過程であって、萎縮し消滅していくのである。このように自己中心的言語の発達は絶えざる減衰曲線に沿って実現されていくとすれば、当然のことながら、この言語は、子どもの発達のどの段階でも、原初的に個人的な・子どものことばの不十分な社会化から発生するのであり、そうした社会化の不十分さと不完全さの段階の直接的な表現なのである。

　対立する〔ヴィゴツキーの〕理論によれば、子どもの自己中心的言語は、心理間機能から心理内機能への移行、つまり、子どもの社会的・集団的活動の形式から彼の個人的機能への移行、の現象の一つである。この移行は、私たちが以前の著作の一つで指摘したように [13]、最初は協同における活動形式として発生し・後になってようやく子どもによってその活動の心理学的形式の領域に転移させられる・すべての高次心理機能・の発達にとって、一般法則なのである。自己にとってのことば〔対自的なことば〕が発生するのは、もともと社会的である・他者にとってのことば〔対他的なことば〕の分化によってである。子どもに外側から持ち込まれる段階的な社会化ではなく、子どもの内的社会性を基礎にして発生する段階的な個性化が、子どもの発達の主要な大道である。この

13　〔原註〕ヴィゴツキー『少年少女の児童学』〔Л. С. Выготский. Педология подростка. Учгиз, 1931〕、483 ページ以降。〔邦訳『思春期の心理学』柴田義松等訳、新読書社、289 ページ以降〕。

ことに従って、自己中心的言語の構造・機能・前途についての問題への私たちの見方も変化する。この言語の構造は、その機能の独立化と並行し・その機能に照応して、発達していく、と考えられる。言いかえれば、新しい使命を得たことばは、当然のことであるが、新しい機能に応じて、その構造においても再編成されていく。私たちは以下においてそうした構造的特殊性について詳細に述べたいと思う。〔ここでは、〕そうした〔構造的〕特殊性は、消滅したり・落ち着いたり・無へと下降したり・退縮したりせずに、子どもの年齢とともに、強化され・増殖し・進化し・発達する。例えば、そうした特殊性の発達は、おそらく自己中心的言語のあらゆるものと同様に、減衰曲線ではなく上昇曲線に沿って進んでいく、とだけ述べておこう。

　自己中心的言語の機能は、私たちの実験に照らせば、内言の機能と類縁的である、と思われる。これは、伴奏的というよりは、自立的なメロディであり、知的方向づけ・意識化・困難や障碍の克服・考え・思考の目的に役立つ自立的機能である。この言語は、子どもの思考のためにきわめて内密な形で働く・自己のためのことば〔対自的なことば〕である。最後に、自己中心的言語の発生的前途は、ピアジェが描いているものとあまり似ていない、と思われる。自己中心的言語は、減衰曲線ではなく上昇曲線に沿って発達していく。この言語の発達は退縮ではなく真の進化である。この発達は、生物学と小児科学でよく知られた退縮の過程—これは、新生児期において、へその傷がかさぶたで治癒される・へその緒が消滅する・ボタロー管やへその静脈が閉塞する、という過程のように、消滅のなかに現れている—をあまり想起させない。自己中心的言語がはるかに大きく想起させるものは、前方に向かい・その本性において構成的で創造的で積極的意義に満ちた発達過程を表す・子どもの発達の全過程である。私たちの仮説の観点からすれば、自己中心的言語は、その心理学的機能においては内的で・その構造においては外的な・ことばである。この言語の前途は内言への成長なのである。

〔自己中心的言語の「理解しにくさ」が意味するもの〕

　この仮説は、私たちが見るところ、ピアジェの仮説と比べると、一連の優位性をもっている。自己中心的言語の構造・機能・前途を、理論的側面から、より適切により良く説明できるからである。この仮説は、私たちが実験のなかで発見した事実、意識化や熟慮を必要とする困難が活動のなかにもたらされると自己中心的言語係数[14]が増加する、という事実[15]と、見事に一致する。この事実はピアジェの観点からは説明されえぬものなのである。だが、私たちの仮説のもっとも主要で決定的な優位性は、ピアジェ自身が叙述した・この事柄の命題に、満足のいく説明を与える、という点にある。ピアジェの命題は、逆説的であり、他の形では説明不可能なのである。実際のところ、ピアジェの理論によれば、自己中心的言語は、子どもの発達に応じて量的に減じていき、年齢とともに消滅していく。私たちが予期しえたことは、自己中心的言語の構造的特殊性もまた減衰していくはずであり、この特殊性の消滅と同時に増加することはありえない、ということであった。なぜなら、この消滅は、過程の量的側面だけを捉え、その内的構成にはまったく反映されていない、と考えることは困難であるからだ。3歳から7歳への移行、つまり、自己中心的言語の発達における最高点から最低点への移行にあたり、子どもの思惟の自己中心性は、甚だしく減少していく。もし自己中心的言語の構造的特殊性がまさしく自己中心性に根をはっているならば、当然のように予期できることは、この言語の他者にとっての理解しにくさと総括的に表現される・構造的特殊性は、この言語の発現そのものと同様に、無へと下降しながら薄れていくであろう、ということである。簡単に言えば、自己中心的言語の消滅過程はこの言語の内的・構造的特

14　ピアジェは、自発的発話に占める自己中心的言語の割合を自己中心性係数 le coefficient d'égocentrisme〔ロシア語訳は коэффициент эгоцентризма〕と表したが、ヴィゴツキーはそれを自己中心的言語係数 коэффициент эгоцентрической речи とした。そうした用語の違いにも、言語と心性、ことばと思惟とを同一視するピアジェへの批判意識が現れている。

15　〔原註〕『思考と言語』、43ページ以降〔『思考と言語』柴田義松訳、新読書社、2001年、57ページ 以降〕。

殊性の消滅のなかにも現れていること、つまり、この言語は、その内的構成に関してもますます社会化されたことばに近づいていくので、ますます理解しやすくなるであろう―と、予期することになる。これに対して、事実は何を物語るのであろうか。誰のことば〔自己中心的言語〕がより理解しにくいのか―3歳児のか、7歳児のか。私たちの研究の・もっとも重要なものの一つで・決定的な意義をもつ・事実的結果は、次のような事実の確認である。すなわち、自己中心的言語の社会的言語からの隔たりを表し・他者にとってその理解しにくさをひき起こす・この言語の構造的特殊性は、減少することなく、年齢とともに増大すること、その特殊性は3歳では最小であるが7歳には最大に達すること、したがって、それは消滅するのではなく進化すること、その特殊性は自己中心的言語係数に対して逆の発達法則を顕わにしていること、という事実である。自己中心的言語が、発達の行程でたえず下落し、無へと下降し、就学前期の境い目でゼロになるのに対して、この構造的特殊性は反対方向に発達しつづけ、構造的特色の総和の独特な構成に関して、3歳におけるほぼゼロの面積からほとんど100パーセントの面積へと上昇するのである。

　この事実は、ピアジェの観点からは、説明されえない。なぜなら、どのようにして、子どもの自己中心性・自己中心的言語そのもの・この言語に内的に固有な特殊性の・消滅過程がかくも速やかに成長するのか、がまったく不明瞭であるからだ。そればかりか、同時に、ピアジェがその上に自己中心的言語の理論全体を打ち立てている・要石のような唯一の事実、つまり、子どもの成長に応じて自己中心的言語係数が減少するという事実に、彼は、私たちが光をあてることを可能にしてもいるのである。

　自己中心的言語係数の凋落は、本質的に、何を意味するのだろうか。内言の構造的特殊性とその外言との機能的分化とは年齢とともに成長する。何が減少するのだろうか。自己中心的言語の下落が語っているのは、この言語の〔構造的特殊性の全体ではなく〕もっぱら唯一の特殊性―つまり、この言語の発声・音声が減少していく、ということに他ならない。ここから、発声・音声の消滅は全体としての自己中心的言語の消滅に等しい、と結論づけることは可能であ

ろうか。これは許容できないものと思われる。なぜなら、そのような〔結論の〕場合、この言語の構造的特殊性・機能的特殊性がまったく説明できなくなるからである。逆に、この要因〔発声・音声のみの消滅〕に照らせば、自己中心的言語係数の減少そのものが完全に意味づけられ理解されるものになる。自己中心的言語の一つの兆候（発声）の急激な減少と他の兆候（構造的分化と機能的分化）の同じように急激な増加とのあいだの矛盾は、明らかに、そう思われるだけの・見かけ上の・幻想的な矛盾にすぎない。

　私たちによって実験的に確認された・疑いようのない事実から出発して、考察してみよう。自己中心的言語の構造的特殊性・機能的特殊性は、子どもの発達とともに増殖していく。3歳においては、この言語のコミュニケーション言語との相違はほとんどないに等しい。7歳になると、私たちの前にあるのは、その機能的特殊性・構造的特殊性のほぼ全体において、3歳児の社会的言語とは異なることばである。この事実のなかに現れているのは、年齢とともに進化していく・二つの言語 речевой 機能の分化、一般的で未分化な言語機能からの、自己のためのことば・他者のためのことばの独立化なのであり、一般的で未分化な言語機能は、幼児前期〔3歳未満の時期〕には、この二つの役目をほぼ完全に同じ様式で遂行している。このことは疑いようがない。このことは事実であり、明らかに、事実と争うことは困難である。

　ところで、もしそうであれば、残りのすべてのことは自ずと明瞭になる。自己中心的言語の構造的特殊性・機能的特殊性、つまり、この言語の内的構成と活動様式とが、ますます発達して外言から独立するならば、これらの自己中心的言語の特殊的特質が増大するのに完全に相応して、この言語の外的・音声的側面は消滅するはずであり、その発声は萎縮して無へと下降するはずであり、その外的発現はゼロにまで凋落するはずである。これらのことが、3歳から7歳までの時期における自己中心的言語係数の減少に現れているのである。自己中心的言語の、この自己のためのことばの機能が独立化するのに応じて、その発声はそれにつれて不必要で無意味になり（私たちは、フレーズを発音する前に、考案された自己のフレーズを知っている）、また、自己中心的言語の構造

第Ⅱ章　ヴィゴツキー：思惟と語（翻訳）　91

的特殊性の増加に応じて、その発声はまったく同じように不可能になる。その構成に関してまったく異なる・自己のためのことばは、構造の本性においてまったく疎遠な外言のなかに、その表現をけっして見出しえない。この時期に発生する・その構成に関してまったく独特な・ことばの形式は、必然的に、その独特な表現形式を持たねばならない。なぜなら、そのことばの形相的側面は外言の形相的側面と一致しなくなるからである。自己中心的言語の機能的特殊性の増殖、この言語の自立的な言語機能としての独立、この言語の独自的な内的本性の段階的な蓄積と形成とは、不可避的に、このことばが外的な発現においてより貧しくなり、外言からますます遠ざかり、ますます声を失うのである。自己中心的言語のそうした独立化がある必要な限界に達するとき、つまり、自己のためのことばが他者のためのことばから最終的に分離するとき、そのような発達の時期においてこそ、自己中心的言語は必然的に発音されたことばであることを止め、したがって、その消失と完全な死滅という幻想を生み出すはずなのである。

　しかし、これはまさしく幻想である。自己中心的言語係数のゼロへの凋落をこの言語の死滅の兆候と見なすことは、子どもが数え上げる際に指を使うのをやめ、声を出した計算から暗算に移行するときを、計算の死滅と見なすことと、まったく同じである。本質的には、そうした消滅の兆候、ネガティヴな退縮の兆候の背後には、完全にポジティブな内容が隠されている。自己中心的言語係数の凋落・その発声の減少は、私たちが先ほど指摘したように、新しい種類の子どものことばの内的成長・独立と密接な形で結びついているのだから、外見的にネガティヴな退縮の兆候であるにすぎない。事柄の核心からいえば、それらは前進する発達の進化的兆候なのである。それらの背後に隠されているものは、消滅ではなくて、ことばの新しい諸形式の誕生なのである。

　自己中心的言語の外的発現の減少は、次のように見なさねばならない。それは、ことばの音声的側面から発達しつつある抽象の発現—この抽象は内言を基本的に構成する指標の一つ—であり、自己中心的言語のコミュニケーション言語からの進歩的な分化であり、発音し語の形象を操作する代わりに—つまり語

そのものの代わりに一語を考察し表象する・子どもの発達しつつある能力の指標である、と。ここに、自己中心的言語係数が凋落する兆候の積極的意義がある。実際、この凋落は完全に明瞭な意味を持っている。この凋落が実現されるのは一定の方向においてであり、しかも、自己中心的言語の機能的特殊性・構造的特殊性の発達が実現されるのと同じ方向、つまり、内言への方向においてである。内言の外言との根本的な相違は、発声の欠如である。

　内言は声のない沈黙のことばである。これが内言の基本的な特色である。まさしくこの方向において、この特色の段階的な増殖という意味で、自己中心的言語が進化している。自己中心的言語の発声はゼロにまで凋落し、この言語は声のないことばになる。自己中心的言語が内言の発達における発生的に初期の段階であるなら、そのようになることは必然的であり、そうなるはずである。この指標は段階的に発達するという事実、自己中心的言語は、発声の面よりも、機能的な面と構造的な面において、より早く独立する、という事実は、私たちが内言に関する仮説の基礎においたものを示している。すなわち、内言が発達するのは、ことばからささやきへ・ささやきから声のないことばへと移行するときの、音声的側面の外的な弱まりによるのではなく、外言からの機能的独立と構造的独立や、外言から自己中心的言語への・自己中心的言語から内言への移行、によるのである。

　こうして、自己中心的言語の外的な発現の消滅と・この言語の内的な特殊性の増殖との・矛盾は、明らかに、見かけ上の矛盾である。実際には、自己中心的言語係数の凋落の背後に、内言の中心的特殊性の一つ―ことばの音声的側面からの抽象―の積極的な発達、および、内言と外言との最終的な独立、が隠されている。こうして、指標の三つの基本的グループ―機能的、構造的、発生的な指標―の全体と、自己中心的言語の発達の領域における明白な事実の全体（ピアジェの事実も含む）とは、一致して、同じことを物語っている。つまり、自己中心的言語は内言の方に向かって発達すること、である。この言語の発達の行程は、内言の基本的で特徴的な性質の全体が段階的・進歩的に増殖する行程である、と理解しなければならないのである。

〔ピアジェへの批判実験〕

　ここに、私たちが発展させた・自己中心的言語の起源と本性とに関する仮説の、反駁しがたい確証が見出されるし、同じく、自己中心的言語の研究は内言の本性を認識する基本的な方法であることのための、疑いの余地なき確証が見出される。だが、私たちの仮説的な想定が理論的確信に変わるためには、自己中心的言語の発達過程に対する二つの対立的な理解のいずれが現実に照応しているのかを、疑問の余地なく解決できるような、批判実験のための可能性が発見されねばならない。そうした批判実験のデータを検討してみよう。

　私たちの実験が解決すべきであった理論状況を想起してみよう。ピアジェの意見によれば、自己中心的言語は、もともとは個人的であったことばの不十分な社会化から、発生する。私たちの意見によれば、この言語は、もともとは社会的であったことばの不十分な個人化から・ことばの不十分な独立と分化とから・ことばの未分離性から、発生する。前者の場合、自己中心的言語は、その頂点が後方にある下降曲線上の点である。自己中心的言語は消滅していく。ここに、この言語の発達がある。この言語にあるのは過去だけである。後者の場合には、自己中心的言語は、その頂上の点が前方にある上昇曲線上の点である。この言語は内言へと発達する。自己中心的言語にあるのは未来である。前者の場合、自己のためのことば、つまり、内言は、社会化とともに外側からもたらされる—私たちがすでに取り上げた原理にもとづけば、白濁した水が澄んだ水を押し流すように。後者の場合には、自己のためのことばは、自己中心的言語から発生する、つまり、内側から発達するのである。

　そうした二つの意見のいずれが正しいのかを最終的に解決するために、子どもの自己中心的言語が影響を受けるのは、二種類の状況の変化のうち、いずれの方向なのか—社会的言語の発生を促す・状況の社会的モメントが弱化するという方向なのか、あるいは、そのモメントが強化するという方向なのか—を、実験的に解明しなければならない。自己中心的言語の私たちの理解を擁護し・

ピアジェに反駁するために、今日まで私たちが提起してきたすべての論証は、それらの意義は私たちの眼にはいかに大きなものであるとはいえ、やはり間接的な意義を持つだけであり、一般的な解釈に依存している。だが、この実験は、私たちが関心を抱く問題に対して、直接的な解答を与えることができるであろう。それ故に、私たちは、この実験を experimentum crucis〔決め手となる実験〕と見なしたいと思う。

　実際のところ、子どもの自己中心的言語が、彼の思考の自己中心性と不十分な社会化とから、生じるものであるなら、状況における社会的モメントの弱化も、集団との結びつきからの子どもの引き離し・解放も、子どもの心理学的孤立化の影響・他の人たちとの心理学的接触の喪失も、他者の考えに適合すること―つまり社会的言語を使用すること―の必要性からの子どもの解放も、それらがどのような形であるにせよ、社会的言語を犠牲にした自己中心的言語係数の鋭い上昇を必然的にもたらすはずである。なぜなら、これらすべては子どもの思惟とことばとの不十分な社会化を自由かつ完全に顕わにするための、最大限の好条件を創り出すにちがいないからである。他方、自己中心的言語が、他者のためのことばからの自己のためのことばの不十分な分化から・もともと社会的であったことばの不十分な個性化から・他者のためのことばからの自己のためのことばの非独立性と未分離性とから、生じるとすれば、これらすべての状況の変化は、自己中心的言語〔係数〕の鋭い凋落として現れるはずである。

　〔ピアジェ自身が取り上げたモメントを使った実験〕

　私たちの実験の前に立ち現れた問題はこのようなものであった。実験を構成するための出発点として私たちが選んだのは、自己中心的言語においてピアジェ自身が指摘したモメント、したがって、私たちが研究する現象の範囲内に事実的に属するという意味で、いかなる疑問も生じないモメント、であった。

　ピアジェはこれらのモメントにいかなる理論的意義も付与せずに、むしろ、自己中心的言語の外的指標として、これらのモメントを記述している。とはい

第Ⅱ章　ヴィゴツキー：思惟と語（翻訳）　95

え、私たちは、この言語の次の3つの特殊性には、そもそもの始めから驚かざるをえない。1）この言語は、集団的独り言で〔も〕あり[16]、子どものが一人っきりでいるときではなく、子どもの集団のなかで、同じ活動をする他の子どもたちがいるもとでこそ現れていること。2）この集団的独り言は、ピアジェ自身が指摘するように、理解の幻想を伴っていること、つまり、誰にも話しかけていない自己中心的発話であるかのようだが、子どもは、まわりの子どもたちに理解されている、と信じ・考えていること。3）最後に、この自己のためのことばは、外言の性格をおびていて、社会化された言語を完全に想起させるものだが、ささやきのように発音されているわけではなく、聴き取りがたい独り言であること。こうした三つの本質的特殊性のすべては、偶然的なものではない。自己中心的言語は、子ども自身の観点からすれば、主観的には、まだ社会的言語から切り離されていないし（理解の幻想）、状況に関して客観的で（集団的独り言）、また、形式に関して客観的なのであって（発声）、社会的言語から切り離されたり・独立したりしていない。すでに、このことだけでも、私たちの考えмысльを傾かせるのは、自己中心的言語の源泉は不十分な社会化であるという学説の側にではない。これらの特殊性が物語っているものは、むしろ、あまりにも大きな社会化と、自己のためのことばの・他者のためのことばからの・不十分な独立性とを、擁護している。実際のところ、これらが物語るものは、自己中心的言語・自己のためのことばは、他者のための社会的言語に固有な客観的・主観的条件のなかで進行していく、ということである。

　そうした三つのモメントの私たちの評価が予断の結果でないことは、次のことから明らかである。すなわち、ここで、グリュンバウムを引き合いに出さねばならない。彼は、あらゆる実験化なしに、もっぱらピアジェ自身のデータの解釈をもとにして、同じような評価にたどり着いているのである。皮相な観察

16　「集団的独り言 le monologue collectif」について、ピアジェは「この形式は、子どものことばの自己中心的変種のうちでもっとも社会的なもの」と性格づけている。ヴィゴツキーはここに着目した。なお、6歳児の事例を見ると、量的にも、3つの自己中心的言語（反復、独り言、集団的独り言）のうちでもっとも多い──Piaget, J.: Le langage et la pansée che l'enfant, chapitre 1-Ⅰ-§5, 1-Ⅱ〔ピアジェ『子どもにおける言語と思考』第1章・第Ⅰ節・§5、第Ⅱ節〕。

によって、子どもは自己自身にことごとく没頭している、と考えてしまう場合がある、と彼は述べている。この誤れる印象は、周囲のものに対する論理的関係を3歳児に期待する、という点から生まれている。現実に対するこの種類の関係は〔この時期の〕子どもには固有ではないので、私たちは、子どもは自己自身の思惟と空想に没頭して生きているとか、子どもに固有なものは自己中心的構えであるとか、と容易に仮定してしまう。共同遊びをするときの3歳〜5歳の子どもたちは、それぞれがしばしば自分で行い、それぞれがしばしば自己自身に話している。遠くから見れば、これが談話の印象をひき起こすのであるが、近くでよく見ると、これは集団的独り言であると判り、その参加者たちはお互いに耳を傾けていないし、お互いに応答しあっていない。結局のところ、子どもの自己中心的構えのきわめて明瞭なこの事例は、実際には、子どもの心理の社会的結合性の証明なのである。集団的独り言には、集団からの意図的な孤立や、現代の精神医学がいう意味での自閉性は存在していないが、心理構造からすれば、その正反対のものがある。子どもの自己中心性を大いに強調し、それを子どもの心理的特殊性についての説明全体の要石にするピアジェでも、やはり、子どもたちは、自分たちがお互いに発話しあい、他者は自分たちの言うことを聞いている、と信じている、と認めねばならないのである。子どもたちは他者に注意を向けることがないかのように振るまっている、ということは正しい。だが、それはもっぱら、子どもたちが、彼ら各人の思惟は、まったく表現されていないか・不十分にしか表現されていなくとも、それでもなお共有財産である、と考えているからである。これが、グリュンバウムの眼に映じた、子どもの個人的心理の社会的全体からの不十分な独立性に関する論証である。

　しかし、問題の最終的解決は、あれこれの解釈にではなく、批判実験に属していると、もう一度繰り返しておきたい。この実験で、私たちは、上述した・自己中心的言語の三つの特殊性（発声、集団的独り言、理解の幻想）を活性化させようとした。活性化とは、自己中心的言語の本性・起源についての問題に対する解答を得るために、三つの特殊性を強めたり弱めたりする、という意味においてである。

第Ⅱ章　ヴィゴツキー：思惟と語（翻訳）　97

　第1シリーズの実験で、私たちは、自己中心的言語のもとで子どもに発生する・他の子どもたちによる理解という幻想を、なくそうと試みた。このために、ピアジェの実験と完全に類似した状況において自己中心的言語係数をあらかじめ測定した子どもを、次のような別の状況に移したのである。つまり、しゃべらない聾唖の子どもたちの集団で子どもの活動を組織したり、その子にとっては外国語でしゃべる子どもたちの集団に彼を移動させたりした。残りのすべての状況は、その構造においてもディテールにおいても、変えられていなかった。私たちの実験における変量は理解の幻想だけであり、第1の状況で自然に発生した幻想は、第2の状況ではあらかじめ取り除かれた。理解の幻想が取り除かれると、はたして自己中心的言語はどのようになるのだろうか。実験が示したことには、この言語係数は、理解の幻想のない批判実験では、急激に下落した。大多数の場合にはゼロに達し、そうでないすべての場合でも平均して8分の1に縮減されたのである。

　この実験が疑問の余地のないものにしているのは、理解の幻想は偶然でないこと、この幻想は、自己中心的言語に対する副次的で意義のない付加物・付帯現象ではなく、機能的にはこの言語と切り離しがたく結びついていること、である。ピアジェ理論の観点からすれば、私たちの見出した結果はパラドックスだ、と思うほかはない。子どもと周りの子どもたちとの心理学的接触の現れが少なくなるほど・彼の集団との結合が弱められるほど・社会化された言語への要求や他者の思惟に自己の思惟を適合させるという要求を状況が提示しなくなるほど、子どもの思考における自己中心性、したがって、彼のことばにおける自己中心性は、より自由に発揮されるはずであった。もし子どもの自己中心的言語が実際に彼の思惟・ことばの不十分な社会化から生じるとすれば、そのような結論に必然的に達したはずであろう。この場合、理解の幻想は、自己中心的言語係数を、実際にそうであるように低下させるということはなく、上昇させるはずであった。ところで、私たちが擁護する仮説の観点からすれば、次のように見なす以外にはない。すなわち、自己のためのことばの個性化の不十分さ・このことばの他者のためのことばからの未分離性が、社会的言語の外側で

は自立的に生きて機能することのできない自己中心的言語の真の源泉であることを、直接に証明したものである、と。自己中心的言語が消え去るには、理解の幻想、あらゆる社会的言語のもっとも重要なこの心理学的モメントを取り去れば十分なのである。

　第2シリーズの実験では、私たちは、基本実験から批判実験に移行する際の変量として、子どもの集団的独り言を導入した。この現象が集団的独り言の形式で現れた基本的状況において、再び、もともとの自己中心的言語係数が測定された。その後に、子どもの活動は、集団的独り言の可能性が取り除かれた他の状況に移された。つまり、子どもを、彼が実験の前にも後にも実験中にも談話したことのない・馴染みのない子どもたちとの環境のなかに置いたり、部屋の片隅にあるテーブルにつかせて子どもたちから引き離したり、集団の外側で一人っきりで活動させたり、最後に、集団の外側でそのように一人っきりで活動させたもとで、実験者は、実験の中頃に出て行き、子どもをまったく一人っきりにしたりする―その子を見たり、耳を傾けたりする可能性を保ちながらであるが―ことによって、集団的独り言の可能性が取り除かれたのである。これらの実験に共通する結果は、第1シリーズの実験がもたらした結果と、まったく一致している。残りの他のものは変更されていない状況における集団的独り言の駆逐は、通例、自己中心的言語係数の急激な凋落をもたらしている。もっとも、この場合の〔係数の〕低下は、第1〔シリーズの実験〕の場合と比べれば、いくぶんくっきりしない形で現れていた。係数がゼロにまで下落するのは稀であった。第1の状況と第2の状況とにおける係数の〔下落の〕平均的関係は、6対1であった。状況から集団的独り言を取り除く種々の諸手法は、自己中心的言語の減少における明白な段階的変化を顕わにした。それでもやはり、この言語係数の減少への基本的傾向は、このシリーズでも明瞭に現れた。したがって、私たちが発展させた・第1シリーズについての推論を、この故に、もっぱら繰り返すことができるであろう。明らかに、集団的独り言は、自己中心的言語に関する、偶然の副次的な現象でも、付帯現象でもなく、機能的には自己中心的言語と不可分な連関のなかにある。私たちが異を唱えた〔ピアジェの〕仮

説の観点からすれば、これもふたたびパラドックスである。この自己のための
ことば〔自己中心的言語〕が、実際に、子どもの思考・ことばの不十分な社会
化から生じるならば、集団の排除は、自己中心的言語の発現のために広々とし
た場所と自由とを与えるはずであろう。だが、これらのデータは、パラドック
スであるのみならず、ふたたび、私たちの主張する仮説に由来する、論理的に
必然的な結論でもある。自己中心的言語の基礎にあるものが、自己のためのこ
とばと他者のためのことばとの、不十分な分化・不十分な分解であるならば、
集団的独り言の排除は必然的に子どもの自己中心的言語係数の凋落をもたらす
はずである、との仮説をあらかじめ立てておかねばならない。諸事実はこの仮
説を余すところなく確証している。

　最後に、私たちの第３シリーズの実験では、基本実験から批判実験へ移行す
るときの変量として、自己中心的言語の発声を選んだ。基本的状況において自
己中心的言語係数を測定したあと、発声の可能性が困難にされたり・取り除か
れたりした・他の状況に、子どもを移した。子どもは、やはり大きなホールの
中ほどに座る他の子どもたちから離れたところに着席したり、実験が行われた
実験室内に―そこではオーケストラが演奏するか、他者のみならず自己自身の
声もまったく消し去るような騒音がひき起こされるかした―着席した。最後に、
子どもへの特別な教示によって、大きな声でしゃべることを禁止するとか、静
かな・声にならない・ささやきの他には談話しないように提案するとかした。
これらすべての批判実験で、私たちはふたたび、前の二つの場合〔第１シリー
ズ・第２シリーズの実験〕におけるのとまったく同じものが、驚くべき法則性
をもって、見出された。つまり、自己中心的言語係数の曲線の下への一貫した
凋落である。なるほど、この実験では、係数の低下が、第２〔シリーズの実験〕
のものよりも、いくぶんは、さらに複雑に現れた（基本実験と批判実験とにお
ける係数の関係は、５（または４）：１と表された）。また、発声を排除したり・
困難にしたりした・様々な様式、における段階的変化は、第２シリーズよりも
さらに鋭く現れた。だが、ふたたび、発声を取り除いたもとで、自己中心的言
語係数の低下という基本法則はこの実験でも、まったく明瞭に疑う余地なく、

にじみ出ている。ふたたび、私たちは、これらのデータを、自己中心性の仮説の観点からは、この年齢期の子どもにおける自己のためのことばの本性としてのパラドックスと見なす他はないし、また、まだ本来の意味での内言を獲得していない子どもたちではあるが、彼らにおける自己のためのことばの本性は内言であるという仮説を直接的に確証したもの、と見なす他はないのである。

　三つのシリーズの〔実験の〕すべてにおいて、私たちは同じ目的を追求してきた。私たちが研究の基礎に取り上げたのは、子どものほぼすべての自己中心的言語において発生する三つの現象—理解の幻想・集団的独り言・発声であった。これら三つの現象のすべてが、自己中心的言語と社会的言語とに共通している。私たちは、これらの現象を有する状況と有しない状況とを実験的に比較して、自己のためのことばを他者のためのことばに近づけている・これらのモメントを排除することは、不可避的に、自己中心的言語の消滅をもたらすことを、見出した。ここから導き出すことのできる結論は、子どもの自己中心的言語はすでに機能的な面と構造的な面で〔社会的言語から〕分離してきた独特な形式のことばであるが、この言語は、しかし、その現れに関してはまだ、この言語がその内部で絶えず発達し成熟してきた・社会的言語から、最終的には切り離されていない、ということである。

　私たちが発展させた仮説の意味を了解するために、架空の事例を取り扱ってみよう。私は事務机に着いて、背後にいる人と談話するとしよう。そうした状態では、私は当然ながら、その人を見ていない。私の話し相手は、私に気づかれないように、その部屋を出ていく。私は、私の言うことは聞かれていて理解されている、という幻想に導かれて、談話を続けている。この場合、私のことばは、外的側面からすれば、自己中心的言語・自己に向き合ったことば・自己のためのことばを想起させるであろう。だが、心理学的には、その本性に関して、このことばはもちろん社会的言語である。この事例と、子どもの自己中心的言語とを、比較してみよう。ピアジェの観点から、これらを比較するなら、ここでの状態は逆である。すなわち、心理学的、主観的に、子ども自身の観点からすれば、彼のことばは、自己のための自己中心的言語・自己と向きあった

第Ⅱ章　ヴィゴツキー：思惟と語（翻訳）　101

ことばであるが、その外的な現れについてのみ、社会的言語である。このこと
ばの社会的性格は、架空の事例における私のことばの自己中心的性格と同じよ
うに、幻想なのである。私たちが発展させている仮説の観点からすれば、ここ
での状態は、明らかに、はるかに複雑である。すなわち、心理学的には、子ど
ものことばは、機能的な面と構造的な面とにおいて、自己中心的言語、すなわち、
独特で自立的な形式のことばであるのだが、しかし、それは不徹底なものであ
る。このことばは、その心理学的本性の面で、主観的であり、まだ内言として
意識されておらず、他者のためのことばから子どもによって分離されていない
からである。客観的な面でもまた、この言語は社会的言語から分化した機能を
示してはいるが、ふたたび、それは不徹底なものである。なぜなら、この言語は、
社会的言語が可能となる状況においてのみ、機能しうるからである。こうして、
主観的側面と客観的側面とから見て、この言語は、他者のためのことばから自
己のためのことばへの混合的・移行的形式であり、しかも、―ここに、内言の
発達の基本法則があるのだが―自己のための言語、内言は、機能と構造とに関
して、つまり、その発現の外的形式であるよりは心理学的本性に関して、より
内的なものになるのである。

〔Ⅳ　ふたたび、思惟から語への運動の第3平面―内言―について〕

　私たちは、こうして、自らが提起した命題を確証することにたどり着く。そ
の命題は、自己中心的言語の研究、この言語に現れている・ある特殊性の生長
と他の特殊性の衰退と―これは、この言語の機能的本性と構造的本性とを特徴
づけている―への動的傾向の研究は、内言の心理学的本性の研究への鍵である、
というものであった。いまや、私たちの研究の基本的結果を叙述することや、
私たちが指摘した・思惟から語への運動の平面のうちの第3のもの―内言の平
面を簡潔に特徴づけることに、移ることができる[17]。

17　訳者は、思惟から語への運動の第2平面は“ことばの形相と意味との統一性と対立性”
　　であると解釈した。明示されていない第1平面を“過程としての平面”と推測するのが妥

〔断片性・欠片性・短縮性〕

　私たちが実験的に根拠づけようと試みた方法による・内言の心理学的本性の研究は、次のような確信を私たちにもたらした。すなわち、内言は、ことばマイナス音声ではなく、ことばの機能が機能化する・構成と様式とに関して完全に独特で独自的なことばである、と見なさねばならないし、このことば〔内言〕の機能は、外言とはまったく異なる形で組織されているために、外言の平面から内言の平面への諸移行の不可分の動的統一のなかに、外言とともに見出される、と。内言の第１の、もっとも主要な特殊性であるのは、その完全に独特な統語論である。子どもの自己中心的言語において内言の統語論を研究しながら、私たちは、一つの本質的特殊性を看取した。その特殊性は、自己中心的言語の発達に応じて生長する・疑う余地なき動的傾向を顕わにしている。この特殊性は、外言と比較すると、外見的な断片性・欠片性・短縮性にある。

　実をいえば、この観察は新しいものではない。ワトソンのような行動主義的観点からでさえ、内言を注意深く研究する者は誰でも、この特殊性を、内言に固有な・中心的で特徴的な特色として論じてきた。内言を記憶の形象における外言の再生に帰着させる著述家たちだけが、内言を、外言の鏡のような反映と見なしてきた。しかし、私たちの知るかぎり、さらに先には、この特殊性の記述的研究と構成的研究には、誰も進まなかった。そればかりか、この内言の基本的現象を記述的に分析することさえ、誰も企てなかった。―そのために、内的分解に値する一連の現象が、一つの塊・一つの錯綜したもつれに混ぜ合わされていることは、明らかであった。それは、これらの異なる諸現象のすべてが、外的な現れにおいては、内言の断片性・欠片性のなかに現れているからである。発生的経路を通りながら、私たちが試みたのは、第１に、内言の本性を特徴づける個別的な諸現象の錯綜したもつれを分解すること、第２に、そうしたもつ

当であろう。第３平面が内言であることは明示されている。ハムレットの台詞（「哲学などが思いもよらぬ」多くのもの）に託された意味とは、究極的には、内言の本性の発見である。

れの原因と説明とを見出すこと、であった。ワトソンは、習熟を獲得するとき
に観察される短絡の現象をもとにして、同じことが無声の発話または思考に際
しても疑いもなく生じる、と考えている。すべての隠された過程を展開するこ
とができ、その過程を録音盤や円柱型レコードの円筒に記録できたとしても、
それでもやはり、その過程には、察知しえないような形で、多くの短縮・短絡・
節約があるであろう。察知しえないというのは、その過程が性格において完全
で社会的である出発点から、社会的適応のためではなく個人的適応のために働
くことになる最終段階までの、その過程の形成を追跡しない場合である。こう
して、内言は、私たちがこの言語を録音機で記録しえたとしても、外言と比較
すると、短縮され・断片的で・無連関で・察知されがたく・理解しにくいもの
であることが、明らかになるであろう。

　まったく類似した現象は子どもの自己中心的言語に観察されるが、その相違
は、その現象が、年齢を経るにしたがって、私たちの見るところでは、成長し
ていること、こうして、自己中心的言語が内言に接近するのに応じて、学齢期
の境い目で最大限に達すること、だけである。自己中心的言語の生長の動態の
研究がいかなる疑問も残していないのは、次の点である。すなわち、この曲線
をさらに延長するなら、この言語は、極限において、内言の持つ完全な理解し
にくさ・断片性・短縮性に行き着くはずだ、という点である。だが、自己中心
的言語を研究する・すべての便益は、内言のこれらの特殊性が、最初の段階か
ら最後の段階まで、どのように発生するのかを、一歩毎に追跡できる、という
点にこそある。自己中心的言語もまた、この言語が発生する状況を知らないな
ら、ピアジェが指摘するように、理解しにくく、外言と比較すると断片的で短
縮されたものである、ということがわかる[18]。

18　きわめて大きな意義を有するとはいえ、いわゆるエヴィデンスを基礎にした学問はここ
　　で立ち止まる。だが、ヴィゴツキーはその限界を軽々と跳び越えていくのである。ここに
　　哲学的思惟が主役を演じるようになる。ただし、その跳び越え方は、純粋論理的なもので
　　はなく、作家のことばにもとづいていること、しかも、そのことばは作家自身が体験した
　　諸事実を核にしていること、である（それはトルストイ、ドストエフスキー、グレープ・
　　ウスペンスキーの参照箇所に見事にあらわれている）。

〔内言における絶対的述語主義〕

　自己中心的言語のこれらの特殊性の成長を段階的に追跡してみると、この言語の謎めいた性質を分解し、説明することが可能になる。発生的研究がはっきりと直接的に示しているのは、私たちが第1の自立的現象として詳しく述べようと思う・この短縮性が、どのように・何から発生するのか、ということである。一般法則の形で、私たちは次のように言いうるであろう。―自己中心的言語は、発達に応じて、語の短縮や省略への単純な傾向や、電報の文体への単純な移行を顕わにするだけでなく、主語と主語に関わる語との省略によって、述語と述語に関わる文の部分とを保存する方向での、句・文の短縮という、まったく独自の傾向をも顕わにしていく。内言の統語論の・述語主義へのこの傾向は、私たちのすべての実験で、厳格でほとんど例外を知らない規則性・法則性をもって現れた。たとえば、補問の方法を用いるとき、私たちは極限において、純粋な絶対的述語主義を内言の基本的な統語論的形式と仮定しなければならないのである。

　すべての特殊性のなかで第一次的なこの特殊性を了解するために、外言において一定の状況のなかに発生する類似の光景とこの特殊性とを、比較することが必要である。私たちの観察が示したところでは、外言のなかに純粋な述語主義が発生するのは、二つの基本的な場合である。つまり、応答の状況であるか、あるいは、発話者の考える主語が話し相手にあらかじめ明白である状況か、である。あなたはお茶が欲しいですか、という問いに対して、誰も「いいえ、私は一杯の紅茶が欲しくないです」という詳細な句で答えないであろう。応答は、「いいえ」のように、純粋に述語的である。応答はただ述語だけを含んでいるだろう。明らかに、このような述語だけの文が可能になるのは、文の主語―その文で何について語られているか―が話し相手によって理解されているからに他ならない。まったく同じように、「あなたの兄弟はこの本を読みましたか」という問いに対して続けられる応答は、けっして「はい、私の兄弟はこの本を

読みました」とはならず、「はい」または「読みました」という純粋に述語的な応答である。

　まったく類似した状態は第2の場合にも創られる。つまり、―発話者の考える主語が話し相手にあらかじめ分かっている状況において、である。数人が、ある方向に行くために、停留所で電車「B」を待っている、と想像してみよう。そのうちの誰かが、近づいて来る電車に気づいたとき、「どこどこに行くために私たちが待っている電車『B』が来ました」と決して詳細な形で言わないであろうし、発話はつねに、「来ました」や「Bだ」と、一つの述語にまで短縮されるであろう。明らかなことであるが、この場合、主語と主語に関わる語とが話し相手のおかれた状況からすれば直接的に明白であったからこそ、純粋に述語的な文が、生きたことばのなかに発生したのであった。しばしば、このような述語的な考えが滑稽な誤解・あらゆる種類の思い違いに根拠を与えているのは、聞き手が、発話された述語を、話し手が念頭においた主語にではなく、聞き手の思惟のなかに含まれている他の主語に関係づけるからである。この二つの場合、純粋な述語主義は、発話者の考える主語が話し相手の思惟のなかに含まれているときに、発生する。両者の考えが一致し、二人が同じことを見込んでいるならば、ただ述語だけでも、理解は十全に実現されている。彼らの思惟において、この述語が異なる主語に関係づけられているなら、避けがたい無理解が生じることになる。

〔キチイとレーヴィンの頭文字による告白〕

　そのように外言が短縮され・ただ述語だけに縮められる・鮮やかな事例は、いくども理解の心理学に回帰してきたトルストイの長編小説のなかに、見出される。「誰も彼（死につつあるニコライ・レーヴィン―ヴィゴツキー記）の言ったことが聞きとれなかった、が、キチイにだけはそれが分った。彼女にそれが分ったというのは、病人に必要なことをたえず考えつづけていたからだった」〔『アンナ・カレーニナ』第5編・18章、中村融訳、岩波文庫〕。死につつある

人の思惟を追いかけてきた・彼女の思惟のなかには、〔彼女の他には〕誰も分かりそうにない・彼の語が関係づけられた主語があったのだ、と言いうるかもしれない。だが、おそらくは、もっとも特筆すべき事例は、語の頭文字を使った・キチイと〔コースチャ・〕レーヴィンとの告白である。

「―ぼくは、ずっと以前からあなたにおたずねしたいと思っていたことがひとつあるのです。

〔中略〕

―どうぞ、おききになって下さいまし。

―これなんですよ、―彼はそう言って、次の頭文字を書いた―い、あ、ぽ、そ、わ、い、お、あ、え、そ、あ？ その文字は《いつか、あなたは、ぼくに、そんな、わけには、いかないと、おっしゃいましたが、あれは、えいきゅうにですか、それとも、あのときだけですか？》という意味だった。彼女がまさかこんな複雑な文句を解けるなどとは思いもよらなかった。〔中略〕

―分かりましたわ、―と赤くなって、キチイは答えた。

―では、これはなんという言葉ですか？―と彼はえという文字をさして言った。それはえいきゅうにという言葉を意味するものだった。

―これは、えいきゅうに、という字ですわ、―と彼女は言った、―でも、これはちがいます！

レーヴィンは書いた文字をすばやく消してしまうと、チョークを彼女に渡して、立上がった。彼女は書いた―あ、わ、ほ、ご、し、な。

〔中略〕と、彼の顔は急に輝きわたった。解読出来たからだ。それは―《あのときは、わたくしは、ほかに、ごへんじの、しようが、なかったのです》という意味だった。

〔中略〕

彼女は頭文字を書いた―も、あ、あ、お、ゆ、で。それは《もしも、あなたが、あのときのことを、おわすれになって、ゆるしてくださることが、できましたら》という意味だった。

第Ⅱ章　ヴィゴツキー：思惟と語（翻訳）　107

レーヴィンは緊張した、ふるえる指先でチョークをひっつかむと、それを
　折って、次の文句の頭文字だけを書いた―《ぼくには、忘れることも、
　ゆるすこともありません。ぼくはあなたを愛するのをやめていなかった
　のですから》。

〔中略〕

―分かりましたわ、―とささやくように彼女は言った。

彼は腰をおろすと、長い文句を書いた。キチイにはすべてが分った。そして、
　こうでしょう？　とたずねもしないで、チョークをとると、すぐさま返事
　を書いた。

彼にはキチイの書いたことがなかなか分らなかったので、いくども相手の
　眼もとをのぞきこんだ。あまりの幸福に忘我の境地におそわれていたの
　である。彼はどうしても彼女のつかった言葉をあてはめることができな
　かった。が、彼女の魅力的な、幸福にかがやくひとみの中に、彼は自分
　の知らねばならぬことをすべて悟った。そこでレーヴィンは三つの文字
　を書いた。だが、まだ書き終らぬうちに、彼女の方では彼の手つきでそ
　れを読みとり、あとは自分でけりをつけて、『ええ』という返事を書いた。

〔中略〕

ふたりの話の中ではすべてが語りつくされていた。彼女が彼を愛している
　ことも、明日の朝、彼が訪問することを彼女が父と母に伝えておくとい
　うことも、すべてが言いつくされてあった」[19]。

この事例は、まったく他にはないような心理学的意義を持っている。レーヴィ
ンとキチイとの愛の告白のエピソード全体と同じく、この事例は、トルストイ
がその伝記から借用したものであった、からである。まさしくそのように、ト
ルストイ自身、自分の将来の妻であるエス・ア・ベルスに、愛の告白をした。
この事例は、その前の事例と同様に、内言全体にとって中心的である・私たち
が関心を抱く現象―この言語の短縮性の問題―と、もっとも近接した関係を
持っている。談話者同士の思惟の同一性、彼らの意識の同じ方向性のもとでは、

19　『アンナ・カレーニナ』第4編・13章、中村融訳、岩波文庫。

言語刺激の役割は最小限にまで下降する。それでいて、理解は誤りなく生じるのである。トルストイは、作品の他の箇所で、次のようなことに注意を払っている。―きわめて多くの心理学的接触のなかに生きている人たちのあいだでは、もっぱら短縮されたことばによる・半分の語〔言いかけの語〕による理解は、例外であるよりは、むしろ規則である、ということに。「レーヴィンももう馴れて、今では自分の考えを的確な言葉にあてはめるのになんの苦心もせずに、どしどしそれを口に出すことができた。彼は今のように愛情にみちた瞬間には妻も自分の言わんするところを、ただ仄めかしさえすれば察してくれるのを承知していたし、事実、彼女は分ってくれたのである」[20]。

　対話的ことばにおいてそのような種類の短縮を研究して、ヤクビンスキーは次のように結論づけている。―「推察による理解、これに照応して、『肝心なことは何であるのか』を知っているもとでの・ほのめかしの発話、談話者たちが持つ・大量の統覚の明白な共通性は、言語の交換にあたり、きわめて大きな役割をはたしている」と。ことばの理解は、「肝心なことは何であるのか」の知識を必要とする。ポリヴァーノフはその理由について述べている。―「本質的に、私たちが語るすべてのことは、『肝心なことは何であるのか』を理解している聞き手を必要とする。私たちが言いたいと思うすべてのことが、自分たちの使用する語の形式的な語義のなかにあるとすれば、個々の思惟それぞれを言い表わすために、現実になされているよりも、はるかに多くの語を使用する必要があるであろう。私たちは、どうしても要る仄めかしで、話している」。そうした短縮の場合、談話は「ことばの統語論態勢の独自性から、より討論的な発言と比べての統語論の客観的な単純さから、成り立っている」という点で、ヤクビンスキーはまったく正しい[21]。統語論の単純さ、最小限の統語論的分解、凝縮した形での思惟の表明、著しく少量の語、―これらすべては、ある状況の

20　『アンナ・カレーニナ』第6編・3章、中村融訳、岩波文庫。
21　Якубинский, Л. П., О диалогическом речи, 1923, Глава VI, §42〔ヤクビンスキー「対話のことばについて」〕からの引用と要約。ポリヴァーノフの引用もそこからであろう。なお、ポリヴァーノフの出典は、上記ヤクビンスキー論文の編者註によれば、Поливанов, Е. Д., По поводу звуковых жестов японского языка〔ポリヴァーノフ「日本語の音声化された身ぶりについて」〕のようである。

第Ⅱ章　ヴィゴツキー：思惟と語（翻訳）　109

もとで外言に現れるような、述語主義への傾向を特徴づける特色である。単純化された統語論のもとでのこのような種類の理解と完全に対立するものは、無理解の滑稽な場合である。その場合は、すでに取り上げたものであるが、それぞれが自己の思惟において他者とまったく交わることのない、二人の聾者の会話に対する有名なパロディにとって、ひな型となったのである。

　　つんぼがつんぼを、つんぼの判事がいる法廷に呼びだした。
　　つんぼが叫んだ―あのつんぼがわしの雌牛を盗みやがった！
　　とんでもない、つんぼがつんぼに叫んで答えた。
　　この荒地を持っていたのは、おっちんじまったお爺だ。
　　判事は判決を下した。兄弟同士が、なぜ、そんなことを言う、
　　二人とも悪くない、悪いのは娘っこ〔雌牛〕だ。

　これら二つの極端な事例―キチイとレーヴィンの告白、聾者の法廷―を比較するなら、私たちが関心を抱く・外言の短縮という現象がそのあいだを回転する・二つの極が見出されるであろう。談話者たちの思惟のなかに共通の主語がある場合、極度に単純化された統語論を持つ・最大限に短縮されたことばによっても、理解は完全に実現されている。逆の場合には、展開されたことばであっても、理解は完全には達せられない。たとえば、しばしば相互にうまく合意できないのは、二人の聾者だけでなく、同一の語に異なる内容を込めているとか・対立した観点に立っているとかの、普通の二人の人間である。トルストイが述べているように、独創的に孤独に考えるすべての人間は、他者の思惟をなかなか飲み込めないとき、自己の思惟に格別に愛着する。その逆に、接触のある人たちにおいては、トルストイが単純明快な・ほとんど語の要らない・きわめて複雑な思惟の交換と呼ぶ、半分の語〔言いかけの語〕による理解が可能になる。

　そうした外言における短縮の現象の事例を研究したので、私たちが関心を持つ・内言における同じ現象に、豊かに立ち戻ることができる。ここでは、私たちがすでに述べたように、この現象が度々現れるのは、〔外言における〕例外

的な状況においてなのだが、それぱかりか、この現象がたえず現れるのは、ま
さしく内言の機能化が見られるときである。この現象の意義が私たちに最終的
に明瞭となるのは、この面で、一方では外言〔話しことば〕と書きことばとの、
他方では〔外言と〕内言との、比較に取りかかる場合である。ポリヴァーノフ
が述べるように、私たちが言いたいと思うすべてのことが、使用される語の形
式的語義に閉じ込められるなら、それぞれの個々の思惟を言い尽くすために、
現実になされているよりもはるかに多くの語を使用する必要があるであろう。
ところで、まさしく、そうした場合が存在するのは、書きことばである。そこ
では、表明される思惟は、話しことばよりもはるかに多く、使用される語の形
式的語義によって表現されている。書きことばとは、話し相手のいないことば
である。それ故に、書きことばは明らかに最大限に詳細なことばであり、この
ことばのなかでは、統語論的分解は最大限に達している。このことばにおいて
は、談話者たちの分割のために、中途半端な語と述語的な考えとによる理解が
可能になるのは、稀である。書きことばのもとでは、談話者たちは異なる状況
のなかにおり、このことが彼らの思惟のなかに共通の主語が存在する可能性を
取り除いている。したがって、書きことばは、この面で話しことばと比較すると、
最大限に展開され・統語論的形式において最大限に複雑なことばである。この
ことばにおいては、個々それぞれの思惟を言い表すために、話しことばでなさ
れているよりもはるかに多くの語を使用する必要がある。トムプソンが述べる
ように、書記による叙述で普通に使われるのは、話しことばでは不自然とも思
われるような、語・表現・構成なのである。グリボエードフのいう「書くよう
に話す и говорит, как пишет」[22] ことが念頭においているのは、書きことばとい
う・多くの語を使い・統語論的に複雑で文節化された言語を、話しことばに移
していくときの滑稽さである。

　最近になって、言語学では、ことばの機能的多様性の問題が、最重要の地位
のひとつに押し出されてきた。明らかに、言語は、言語学者の観点からでさえ、

22　『知恵の悲しみ』第2幕第2場におけるファームソフの台詞。米川正夫は、劇中で以前
　に語られたチャーツキーの手紙を念頭において、как пишет を「手紙のように」と訳して
　いる。

第Ⅱ章　ヴィゴツキー：思惟と語（翻訳）　111

単一の形式の言語活動ではなく、多様なことばの諸機能の総体である。機能的観点から・ことばによる発話の条件と目的との観点から言語を検討することは、研究者たちの注意の中心となった。すでにフンボルトは、詩の言語と散文の言語とに即して、ことばの機能的多様性を明瞭に意識していた。詩の言語と散文の言語とは、その方向・手段において、相互に異なっているが、厳密に言えば、それらがけっして合流しえないのは、詩は音楽と分かたれないし、散文はもっぱら言語に委ねられるからである。散文は、フンボルトによれば、ここでは言語がそれ自身の優位性をことばのなかで発揮している—もっともその優位性を、ここで立法者のように支配する目的に従わせながらであるが—、という点を特色とする。散文では、文たちの従属関係や組み合わせによって、思惟の発達に照応する論理的律動性が、まったく独特な形で発達していく。その律動性において、散文のことばはそれ自身の目的によって調整されていく。これらの両種類のことばにおいて、言語は、表現の選択と、ことばへと語を連結させる文法形式・統語論的様式の使用とのなかに、自己の特殊性を持つのである。

　こうして、フンボルトの着想 мысль は次の点にある。すなわち、その機能的役目に関して異なる・ことばの諸形式は、それぞれが自己の独特な語彙論・文法・統語論を持っている、という点である。これは最大の重要性をもつ考え方 мысль である。もっとも、フンボルト自身も、彼の思惟を取り入れ発展させたポテブニャも、この命題をそのあらゆる原理的意義において評価しなかったし、詩と散文との区別より先には進まなかった。また、内的には、彼らは、散文の区別については、形成的なものと・談話の思惟や日常的または条件的なお喋りの思惟による多量のものとの・区別の先には進まなかった。散文は、考えや感覚を興奮させることなく、もっぱら事柄の伝達に役立つものである。それでもやはり、言語学者によって根本的に忘れられ・ごく最近になって復活した・彼ら〔フンボルトとポテブニャ〕の着想 мысль は、言語学のみならず言語心理学にとっても、きわめて大きな意義を持っている。ヤクビンスキーが述べるように、そのような面での問題設定そのものは、言語学には疎遠であるし、

112

また、一般言語学についての著作も、この問題に触れていないのである[23]。

〔ことばの対話（ダイアローグ）形式と独話（モノローグ）形式〕

ことばの心理学は、言語学と同じように、自己の自立的な道を歩みながらも、ことばの機能的多様性の区別という同一の課題に導いている。とりわけ、言語学と同じように、ことばの心理学にとっても、第一義的意義を持っているのは、ことばの対話〔ダイアローグ〕形式と独話〔モノローグ〕形式との基礎的な区別である。この場合に、私たちが話しことばと比較した、書きことばと内言とは、独話形式のことばである。話しことばの方は、大多数が対話形式である。

対話は、事柄の核心についての談話者たちによる知識を、たえず前提にしている。この知識が、私たちが見てきたように、話しことばにおける一連の短縮を容認し、ある状況における純粋に述語による判断を創り出している。〔また、〕対話は、たえず、話し相手の視覚、彼の表情と身ぶり、ことばのイントネーションの側面全体の音響的知覚を前提にしている。これらの両者〔知識と視的・動作的・音響的知覚〕が一緒になって、中途半端な語による理解、仄めかしによる交わりを可能にしているし、そうした事例は上述したところである。話しことばにおいてだけ、タルトが言うような、お互いに向けあった視線への補足である談話が、可能になる。すでに、話しことばの短縮への傾向については上述しておいたので、ことばの音響的側面のみに留意して、ドストエフスキーの記録から、典型的事例を引用してみよう。この事例は、いかにイントネーションが語義の繊細に分化した理解を容易にするのか、を示している。

---

23 Якубинский, Л. П., О диалогическом речи, 1923, Глава I О функциональных моногообразиях речи〔ヤクビンスキー「対話のことばについて」〕・第1章「ことばの機能的多様性について」〕、わけても、その §7 ～ §13 が念頭におかれている。

第Ⅱ章　ヴィゴツキー：思惟と語（翻訳）　113

〔イントネーションによる意味の理解〕

　ドストエフスキーは、用語集にはない一つの名詞からごく簡単にできている・酔っぱらいの言語を、話題にしている。「ある日曜日のことだが、もう夜に近くなったころ、たまたま六人の酔っぱらった職工と十五歩ほど肩を並べて歩く破目になった。すると突然、このものの名称、しかも極端にシラブルの少ない言葉だけがあれば、ありとあらゆる思想、感覚、さらには実に深遠な考察でも表現できるということを確信したのである。さて一人の若者が、烈しく猛烈な勢いでこの名称を発音したのだが、それはそれより前に一同の共通の話題になっていた何かの話について、最も軽蔑的な否定を表明するためであった。それに答えてもう一人の男がこの若者にまったく同じ名詞を繰り返したのであるが、これはもうその調子も意味もまったく別であった——つまり最初の若者の否定の正しさを完全に疑うという意味がこめられていた。第三の男が急に第一の若者に憤慨して、烈しく、かっとなって話に割りこんで来て、若者に向かってまったく同じ名詞を叫んだが、それはもう悪罵を意味していた。そこでまた二番目の男が、三番目の、侮辱した男に憤慨して割りこんで来て、『何でえ、おめえ、何で飛びこんで来るんだ？　おれたちは穏やかに議論してるってのに、おめえは何だって手を出しやがってフィーリカの悪口なんぞ言いだすんだ！』というような意味をこめて、第三の男をおしとどめたのだが、ここでもこれだけの考えをすべてやはり同じ禁制の単語、やはり同じきわめて簡潔なあるものの名称で言ってのけたのである。相違と言えば、手をあげて第三の若者の肩をつかんだことくらいである。しかしそこで突然、この一団のなかで一番若く、今までずっと沈黙していた第四の若者が、この論争の基となった最初の困難な問題に対する解答を急に見つけたので、有頂天になって、片手をあげながら叫んだのである……『見つけた』と叫んだとお思いか？　見つけた、見つけた！と叫んだものと。いや、まったくエウレカでも見つけた、でもない。彼が繰り返し言ったのは、まさに同じ辞書にのっていない名詞、ただ一つの単語、たっ

114

た一つの単語である。ただし、有頂天になって、歓喜の金切り声をあげたのだが、あまりに強すぎたようである。というのは、第六番目の陰気な様子の一番年をとった男には、『気に入らなかった』からである。それで彼はさっそく、例の若者の乳臭い感激を抑えにかかって、若者の方を向き、不機嫌な、説教調の低音で繰り返したのが……婦人のいるところでは禁制になっている相も変わらぬ同じ名詞だったのである。それでもこれは、はっきりと正確に、『何をわめいているんだ、のどが裂けちまうぞ！』ということを意味していた。このようにして、他の言葉は一言も口にせずに、彼らはつぎつぎと前後六回にわたってこのお気に入りの言葉だけを繰り返したのだが、おたがいに完全に理解し合ったのである。これは、私が目撃した事実なのである」[24]。

　ここに見られるのは、典型的な形式で、話しことばの短縮性への傾向が原初的に出発する・いま一つの源泉である。第1の源泉は、談話全体の主語またはテーマに関してあらかじめ申し合わされた、談話者同士の相互理解のなかに、見出された。上記の事例では、問題は別のものである。ドストエフスキーが述べるように、すべての思惟、感覚、実に深遠な考察さえ、一つの語で表現することができる。このことが可能であることが分かるのは、その人の内部にある・その語の意味が理解されうる、話者の内的・心理学的文脈を、イントネーションが伝えるときである。ドストエフスキーが立ち聞きした談話では、この文脈は、一つはきわめて軽蔑的な否定にあり、いま一つは疑いにあり、三番目は憤慨にある、等々。明らかに、思惟の内的内容がイントネーションで伝えうるときには、ことばは短縮へのきわめて鋭い傾向を顕わにしうるし、一連の談話は

24　『作家の日記』、1873 年－ 13「小景」－ 2、川端香男里訳、新潮社版ドストエフスキー全集 17 巻。なお、引用箇所の直前で、ドストエフスキーは「酔っぱらいの言語」についてやや「理論的」に考察している―この言語は「きわめて便利で独創的な言語であり、酔っ払った状態に、あるいは、酩酊した状態にさえ適合する言語」であるが、下品な一語でできているものの、「全き言語」である。この言語は、一方では、「口のなかで舌が遅々として回らない〔呂律が回らない〕」が、他方では、「酔っ払いには思惟と感覚とがほとんど 10 倍になって流入してくる」のである。「そうした相対立する 2 つの状態を満たすことができるような言語を探し出すことが、当然、求められる」。それが下品な一語なのである。このようなドストエフスキーの酩酊言語論には、形相・意味の対立と統一を唱えるヴィゴツキーの言語構造論と、相通じるものがある。

ただ一つの語によってなされうるのである。

　十分に理解できることであるが、話しことばの短縮を容易にする・これらの二つのモメント—主語の知識と、イントネーションを通した思惟の直接的伝達と—は、書きことばでは完全に取り除かれている。この故にこそ、書きことばでは、同一の思惟を表現するために、話しことばの場合よりも、はるかに多くの語を使用せねばならない。したがって、書きことばは、きわめて多語的で・正確で・展開的な形式のことばである。このことばにおいては、話しことばではイントネーションと状況の直接的知覚とによって伝えられることを、語たち〔だけ〕によって伝えねばならない。シチェルバが指摘していることだが、話しことばにとって、対話はもっとも自然な形式である。彼は、独話〔モノローグ〕は著しく人為的な言語形式であり、自己の真の存在を言語が顕わにするのは、対話においてのみである、と考えている[25]。現実に、心理学的側面から見れば、対話のことばは、第一次的形式のことばである。同じ考え мысль を表明しながら、ヤクビンスキーは、対話は、疑いもなく文化の現象でありながらも、同時に、独話よりも著しく自然的な現象でもある、と述べている。心理学的研究にとって、独話は、対話よりも歴史的により遅く発達した、より高次で複雑な形式のことばである、ということは、疑う余地のない事実である。だが、いまの私たちの関心は、もっぱら一つの面におけるこれら二つの形式の比較である。つまり、ことばの短縮への傾向において、純粋な述語による判断に至ることばの弱化の面での比較である。

25　前記のヤクビンスキー「対話的ことばについて」第Ⅳ章「対話の自然性と独話の人為性について」・§25には、シチェルバの「東方〔ドイツ〕の西スラブ人の方言」〔1915年〕に関する研究〔博士論文のようである〕を引用したうえで、「この引用において、シチェルバは一種の『対話主義者』として現れている。きわめて興味深いことだが、一方では、生活の性格と社会の経済態勢との連関に対する指摘、他方では、独話形式に代わる対話形式の普及がそこにある。だが、ここで格別に特筆すべきは、独話を知らない言語グループの確認と、ことばの自然的形式・独話の人為性との対立としての対話という主張である」、という記述が見られる。なお、シチェルバ（1880～1944年）は帝政ロシア期・ソヴィエト期の言語学者。

〔対話と独話との本質的比較―書きことば・話しことば・内言〕

　話しことばのテンポの速さは、複雑な意志的行為の次元、つまり、考え直し・諸動機の闘争・選択などを伴う行為の次元における、ことばの活動の進行には、都合のよいモメントではない。その逆に、ことばのテンポの速さは、むしろ、単純な意的行為の次元―その場合には習慣的な諸要素を伴っている―でのことばの進行を、前提としている。この後者は、対話にとって、簡単な観察によって確認される。現実には、独話（そして特に書きことば）と違って、対話による交わりは、即座の発話や手当たり次第の発話さえ、含意している。対話とは、応答によって成立することばであり、反応の連鎖である。書きことばは、すでに見てきたように、そもそもの始めから、意識性と意図性とに結びついている。それ故に、対話は、たいていはいつも、言い尽くさないこと・不完全に発話することを可能にしているし、対話は、独話のことばの条件であれば・同じように考えられる複合を表明するのに・動員されねばならない語のすべてを、動員する必要がないのである… 対話の構成的広がりに対立して、独話は、ことばの事実を意識の清透な領域に導き入れる・一定の構成的複雑性を表しているし、注意ははるかに容易にことばの事実に集中されている。ここでは、ことばの諸関係は、それ自身（つまり、ことばの諸関係）を機縁にして意識のなかに現れる心的体験の規定者・源泉である。

　すっかり理解できることであるが、書きことばは、この場合、話しことばとの対極的対立性を示している。書きことばには、二人の話者にとってあらかじめ明白である状況や、表現豊かなイントネーション・表情・身ぶりが、欠如している。したがって、ここ〔書きことば〕では、話しことばについて述べてきた・どのような短縮の可能性も、あらかじめ取り除かれている。ここでは、理解は語とその組み合わせを利用してなされている。書きことばは、複雑な活動の次元において、ことばの流れを促進する。ここでは、ことばの活動は複雑な活動として規定される。このことをもとにしているのは、草稿の利用である。「下

第Ⅱ章　ヴィゴツキー：思惟と語（翻訳）　117

書き」から「清書」への道は、複雑な活動の道である。ところで、実際の草稿
がない場合でも、書きことばにおける考えの整理のモメントはきわめて強力で
ある。私たちは、まったく頻繁に、まず自己のなかで語り、それから書いてい
る。ここには、思考における草稿がある。そうした書きことばの思考における
草稿は、私たちがこれまでに指摘しようとしたように、内言なのである。この
ことば〔内言〕が内的草稿の役割をはたすのは、書くことにおいてのみならず、
話しことばでもそうなのである。それ故に、いま詳しく述べねばならないこと
は、くだんの短縮への傾向の面での、話しことば・書きことばと内言との比較
である。

〔内言の統語論―主語の省略と絶対的述語主義〕

　私たちが見てきたように、話しことばにおいて、短縮への傾向と判断の純粋
な述語主義への傾向は、次の二つの場合に発生している。すなわち、話題になっ
ている状況が二人の話者には明白である場合と、話し手がイントネーションで
言い表わしたものの心理学的文脈を表現している場合、である。そのような二
つの場合は、書きことばには皆無である。したがって、書きことばは、そのよ
うな述語主義への傾向を顕わにすることのない、きわめて展開的なことばであ
る。ところで、この面で、内言はどのような状態にあるのだろうか。私たちが
話しことばの述語主義への傾向をかくも詳細に述べてきたのは、この現象の分
析が、私たちが内言の研究の結果としてたどり着いた・もっとも曖昧で錯綜し
た複雑な命題の一つ、つまり、内言の述語主義という命題を、全き明瞭さをもっ
て表現しうるからである。〔しかも、〕この命題は、この問題と結びついたすべ
ての問題領域にとって、中心的意義を持つのである。話しことばにおいて述語
主義への傾向が時折（ある場合にはまったく頻繁で法則的に）発生するのに対
して、また、書きことばにおいてこの傾向がまったく発生しないのに対して、
内言においては、この傾向がたえず発生している。述語主義は、内言の基本的
で唯一の形式であり、この形式では、心理学的観点からすれば、すべてが一つ

の述語で成り立っている。しかも、ここで私たちが出会っているのは、主語の省略による述語の相対的保存ではなく、絶対的述語主義なのである。書きことばにとって、詳細な主語と述語とから成り立つことは法則であるが、内言にも同じく法則がある。─たえず主語を省略し、一つの述語から成り立つ、という法則である。

　こうした完全で絶対的な・たえず規則のように観察される・内言の純粋な述語主義は、何にもとづいているのだろうか。最初、私たちは、実験のなかで、この述語主義をたんに事実として確認することができた。しかし、課題は、この事実を一般化し・意味づけ・説明する、という点にあった。私たちがこれをなしえたのは、この純粋な述語主義の増殖の動態をもっとも初期的な形式から最終の形式まで観察すること、書きことば・話しことばにおける短縮への傾向を持つ動態と、内言における同様の傾向を持つ動態とを、理論的分析のなかで比較考察すること、を通してであった。

　この第2の道─内言と話しことば・書きことばとの対比─から始めてみよう。この道は私たちがほとんど最後までたどったものであるし、思惟の最終的な解明にとってすでにすべてを準備したものであるからだ。事柄のすべては、次の点にある。すなわち、話しことばでは時には純粋な述語だけで判断する可能性を創り出し・書きことばでは完全に欠如している・同一の事態が、内言には、恒常的に・変わることなく・切り離しがたく随伴している、という点である。それ故に、述語主義への同じ傾向が避けがたく発生するはずであり、私たちの実験が示すように、この傾向は、内言においては恒常的な現象として、しかも、もっとも純粋な絶対的形式において、不可避的に発生している。したがって、書きことばは、最大限の詳細性という意味で・話しことばなら主語の省略をよび起こす事態が〔書きことばでは〕完全に欠如しているという意味で、話しことばと対極をなすように対立しているのである。内言もまた、話しことばと対極をなすように対立しているが、ただし、その対立は、まさしく逆の関係においてである。なぜなら、内言においては絶対的で恒常的な述語主義が支配的であるからである。話しことばは、こうして、一方での書きことばと他方での内

言とのあいだの、中間に位置している。内言に即して、短縮を促進するそのような事態を、より近くから検討してみよう。いま一度想起したいことだが、話しことばでは、発話者の考える主語があらかじめ二人の話者に明白である場合に、脱落と短縮が生じる。だが、そうした状態は、内言にとっては、絶対的で恒常的な法則である。私たちは、自己の内言のなかで、何が問題になっているのかを、つねに知っている。私たちは、たえず、自己の内的状況の進行過程のなかにいる。私たちの内的対話のテーマは、私たちには、つねに明白である。私たちは、自分が何を考えているのか、を知っている。私たちの内的判断の主語は、たえず、私たちの思惟のなかに実在する。この主語はたえず念頭におかれている。ピアジェはどこかで、私たちは容易に自己自身をうのみにして信じるので、論証への欲求・自己の思惟を根拠づける技能は、私たちの思惟と他の思惟とが衝突する過程でのみ誕生する、と指摘している。同じような権利をもって、私たちは次のように言いうるであろう。――私たちは、自己自身のことであるなら、中途半端な語・ほのめかしによって容易に理解する、と。自己に向きあって進んでいくことば〔内言〕の場合には、上述してきた〔省略と短縮などの〕諸事例を発生させる状況のなかに、私たちは絶えずいる、――口頭の対話では、ときどき、規則というよりは例外として、発生させることもあるのだが。これらの事例に戻るとするなら、次のように言うことができる。すなわち、内言がたえず、まさに規則として、流れ込んでいくのは、話者が電停で一つの短い述語「B」で判断全体を言うような状況のなかに、であると。実際、私たちはたえず期待と意図との進行過程のなかにいる。自己に向きあっているとき、私たちには、「あそこへ行くために私たちが待っている電車『B』が来ました」という、展開された定式に訴える必要性はまったくないのである。ここでは絶えず、ただ述語だけが必要で、それで十分であることは、明らかである。主語がたえず頭のなかに残されているのは、小学生が足し算をするときに10を超えた余りを頭のなかに残しておくのと、似ている。

　さらには、内言において、私たちは、妻と談話するときのレーヴィンのように、自己の思惟を正確な語で具象化する苦労をすることもなく、その思惟をつねに

容易に言い表わしている。話しあっている人たちの心理的な近さは、すでに指摘したように、話者たちに統覚の共通性を創りだしているが、それが今度は、ほのめかしの理解・ことばの短縮性にとって、決定的なモメントになる。だが、そうした統覚の共通性は、内言のなかで自己と交わっているときには、完全で・全体的で・絶対的であり、それ故に、内言において法則であるのは、トルストイが話しことばにおける稀な例外として語っている、簡潔で・明瞭で・ほとんど語のない・きわめて複雑な思惟の伝達である。それは話者たちのあいだに深く内密な内的近さがある場合にのみ可能なのである。内言においては、何が話題になっているのかを、つまり主語を、あげておく必要性はまったくない。〔そこでは〕私たち〔のことば〕は、この主語について何が語られているのかに、つまり、もっぱら述語に、たえず限定されている。ところで、このことは、内言における純粋な述語主義の支配に導いてもいる。

　話しことばにおける類似した傾向の分析がもたらしたものは、二つの基本的な結論であった。この分析が示したのは、第1に、話しことばに述語主義への傾向が生まれるのは、判断の主語が談話者たちにはあらかじめ明白であり・話者たちに統覚の共通性が何らかの程度存在している場合である、ということであった。ところで、まったく十全で絶対的な形式という限界にまで導かれた・この二つ〔主語の明白性と統覚の共通性〕が、内言のなかには、絶えずある。すでに、このことだけでも、内言のなかでは、なぜ純粋な述語主義の絶対的支配がなければならないのかを、理解することができる。私たちが見てきたように、そうした事情は、話しことばの場合には、統語論の単純化・最小限の統語論的分解性・概して独自の統語論的態勢をもたらす。だが、この場合に話しことばには多少なりとも漠然とした傾向として芽生えているものが、内言では、最大限の統語論的単純化・思惟の絶対的凝縮・完全に新しい統語論的態勢として、極限に至る絶対的形式において、現れている。この態勢は、厳密にいえば、もっぱら、話しことばの統語論の完全な廃止・文の純粋な述語的構成を意味するのである。

　私たちの分析は、もう一つの結論にも導いている。この分析が示しているの

第Ⅱ章　ヴィゴツキー：思惟と語（翻訳）　121

は、第２に、ことばの機能的変化はことばの構造の変化をもたらす、ということである。ふたたび、話しことばにおいて多少なりとも弱く現れている・ことばの機能的特殊性の影響のもとでの構造的変化への傾向としてのみ芽生えているものが、内言では、絶対的形式において、極限に達したものとして、観察される。発生的研究と実験研究でこれを確証できたように、内言の機能が偏りなく体系的にもたらすのは、次のことである。最初は機能的な面でのみ社会的言語から区別されていく自己中心的言語が、順次的に、この機能的分化の増殖に応じて、話しことばの統語論の完全な廃止という極限にまで達して、その構造においても変化していく、ということである。

　内言と話しことばとのそのような対比から、内言の構造的特殊性の直接的な研究に向かうならば、私たちは、述語主義の増殖を一歩毎に追跡することができるであろう。最初は、構造の面で、自己中心的言語は社会的言語とまだ完全に一体化している。だが、自己中心的言語は、ことばの自立的・自律的形式としての自己の発達と機能的分離とに応じて、短縮や・統語論的分解の弱化への・傾向、凝縮への傾向を、ますます顕わにしていく。自己中心的言語が消滅し内言に移行するまでに、自己中心的言語は、すでに、断片的なことばという印象を生みだしている。この言語がすでに純粋な述語的統語論にほぼ全体として従属しているからである。実験時の観察は、毎回、そうした内言の新しい統語論がいかにして・どのような源泉から発生しているのか、を示している。子どもは、そのときにしていること、いま行なっていること——つまり、目の当たりにしていること、を機縁にして、話している。それ故に、子どもは、主語と主語に関係する語とを、ますます省略し・短縮し・凝縮する。そして、ますます、自己のことばを一つの述語にまで縮減するのである。これらの実験結果から確認することのできた特筆すべき法則は、次の点にある。すなわち、自己中心的言語そのものが、その機能的意義において、より大きく表されるほど、統語論の単純性・述語主義という意味での、統語論の特殊性がより鮮やかに滲んでくる、という点である。実験的により起こされた障碍や困難があるときに・意味づけの手段たる内言の特殊的役割のなかに発現した場合の子どもの自己中心的言語

と、この言語がそうした機能の外側に現れたという場合とを、私たちの実験の
なかで比較するなら、疑う余地なく、次のように確認することができる。——す
なわち、内言そのものの特殊的で知的な機能がより強く現れるほど、この言語
の統語論的態勢の特殊性も、より明瞭に現れてくるのである、と。

　しかし、そのような内言の述語主義は、話しことばと比べた内言の短縮性に
おいて外的・総和的に表現される諸現象の全複合体を、まだ汲み尽くしてはい
ない。この複雑な現象を分析してみると、この現象の背後に、内言の一連の構
造的特殊性が隠されていることがわかる。そのうちで、もっとも主要なものだ
けを詳しく述べることにしよう。まず最初に、ここでは、私たちが話しことば
の短縮性のいくつかの場合にすでに突きあたった・ことばの音声的モメントの
縮減をあげねばならない。キチイとレーヴィンとの告白、語の頭文字によって
なされた長い談話、つまり一連の句の言い当てから、すでに、意識が同じ方向
であるなら、言語刺激の役割が最低限（頭文字）にまで低下しても理解は誤り
なくなされる、と結論づけることができる。だが、そうした言語刺激の役割の
低下は、内言において、やはり極限に達して、ほとんど絶対的形式で観察され
る。なぜなら、意識の同一の方向性は、ここでは、完全さに達するからである。
本質的には、話しことばにおいて稀な・驚くべき例外である状況が、内言では
絶えず存在するからである。内言において、私たちは、キチイとレーヴィンと
の談話の状況のなかに、絶えずいる。それ故、老公爵〔キチイの父〕がこの談
話をそう呼んだように、私たちは内言のなかでは絶えず、頭文字から複雑な句
の謎解きをすることをもとにすべてが構成されているセクレテール〔各語の頭
文字から句を言いあてる遊び〕で遊んでいるのである。この談話との驚くべき
類似が見られるのは、ルメトルの内言研究においてである。ルメトルが研究し
たある 12 歳の少年少女は、その後ろに稜線のうっすらとした輪郭のある・文
字列——L, m n, d, l, S, s, b——の形で、«Les montagnes de la Suisse sont belles»〔ス
イスの山々は美しい〕の句を考えている[26]。ここには、内言の形成の最初期に

26　〔原註〕A. Lemaitre, Observations sur le langage intérieur de enfants. Archives de Psychologie,
　　4. 1905. p.5〔『子どもたちの内言に関する観察』〕

おいて、キチイとレーヴィンとの談話にあったのと完全に類似した、ことばの短縮・語の音声的側面の頭文字への縮減の様式が、見出される。内言では、語を終わりまで発音する必要性はいささかもない。〔内言では〕私たちはすでに、企図そのものに沿って、どのような語を発音すべきか、を理解している。こうした二つの事例の対比によって、私たちは、内言においては語はつねに頭文字に置き換わるとか、二つの事例で同一であることが明らかになった・そのメカニズムによって、ことばは展開されるとかと、言いたいわけではない。私たちが念頭においているのは、はるかに一般的なものである。私たちがもっぱら言いたいのは、話しことばでも、キチイとレーヴィンとの談話のなかに存在したように、意識の共通の方向性があれば言語刺激の役割は最低限にまで低下するのと同じように――それと同じように、内言では、ことばの音声的側面の縮減が、一般法則として、変わることなく絶えず存在している。内言は、正確な意味では、ほとんど語のないことばである。この故にこそ、上述の諸事例の一致は深く有意義なものに思われる。すなわち、ある稀な場合の話しことばも、内言も、語を一つの頭文字に縮減させていること、どちらにおいても完全に同一のメカニズムがしばしば可能であり、これにより、さらに強く確信されるのは、話しことばと内言との諸現象を対比すると、内的類縁性が見られること、である。

〔内言における意味論の特殊性〕

さらに、話しことばと比べたときに・内言の総体的な短縮性の背後に明らかにされる・いま一つの現象も、この〔短縮性の〕全体的な現れの心理学的本性を理解するために、同じく中心的な意義をもっている。私たちは、いままでのところ、内言の短縮性が生じてくる・二つの源泉として、述語主義とことばの形相的側面の縮減とを挙げてきた。ところで、これら二つの現象がすでに教えていることだが、内言において、私たちは概して、話しことばの場合とはまったく異なる・ことばの意味論的側面と形相的側面との関係に、出会っている。ことばの形相的側面、統語論、音声論は、最小限にまで低下し、最大限に簡略

化され、凝縮される。前面に押し出されるのは、語義である。内言が主として操作するのは、ことばの音声論ではなく、意味論である。そうした語義の・語の音声的側面からの・相対的独立性は、内言のなかに、著しくくっきりと滲みでてくる。このことを解明するために、上述のごとく、多くの点で相互に関連しつつも・自主的で・直接的には一体化していない諸現象を総計的に表現している、件の短縮性の第3の源泉を、さらに近くから考察せねばならない。この第3の源泉は、内言のまったく独自的な意味論的態勢のなかに見出される。研究が示しているように、語義の統語論・ことばの意味的側面の全態勢も、語の統語論・ことばの音声的態勢におとらず、独自的である。ところで、内言の意味論の基本的な特殊性は、どこにあるのだろうか。

　私たちは、自己の研究において、相互に内的に結びつき・内言の意味的側面の独自性を形成する・三つの基本的な特殊性を確認することができた。それらのうちで第1のものは、語の意味の語義に対する優越性、という点にある。ポランは、語の意味と語義とのあいだに差異を導入したことによって、ことばの心理学的分析に大きく貢献した[27]。ポランが示したように、語の意味は、語のおかげで私たちの意識のなかに発生する、心理学的諸事実の全総体である。語の意味は、こうして、異なる安定性を帯びた・いくつかの領域を持つ、絶えず変動的で・流動的で・複雑な・形成物である、と認められる。語義は、語がことばの何らかの文脈において獲得する意味の領域の一つにすぎないとはいえ、もっとも安定的で・〔意味に対して〕統一的で・明確な領域である。明らかに、語は、文脈が異なると、容易に自己の意味を変化させる。その逆に、語義は、語の意味が異なる文脈のなかで変動するもとでも、安定したままである・不動不変の一点である。そうした語の意味の変動は、ことばを意味論的に分析する場合、基本的要因として、確認することができた。〔だが、〕現実の語義は、非恒常的である。ある操作のなかで語はある語義をもって登場するが、他の操作になると、語は他の語義を獲得する。そうした語義の変動性は、ポランの問題

27　ヴィゴツキーが参照したフレデリック・ポランの論文、Paulhan, Frédéric : Qu'est-ce que le sens des mots?〔語の意味とはなにか〕は本書に収録されている。

第Ⅱ章　ヴィゴツキー：思惟と語（翻訳）　125

に、語義と意味との相互関係という問題に、導いていく。用語集で個別に取り
上げられた語は、一つの語義だけを持っている。だが、この語義は、それが意
味という建造物におけるまさしく要石であるという、生きたことばのなかで実
現されていく・潜勢力以上のものではない。

　クルィローフの寓話「トンボとアリ」を事例にして、語の語義と意味とのあ
いだの相違を説明してみよう。この寓話が締めくくられている「踊れ」の語は、
この語が出会うどの文脈にとっても一様な・完全に明確な・恒常的な語義をもっ
ている。しかし、この寓話の文脈では、この語は、はるかに広い知的・感情的
意味を獲得している。この語はすでに、この文脈では、同時に「陽気に遊べ」
と「身を滅ぼせ」とを意味している。これが、語が文脈全体から摂取する意味
による、語の豊富化であり、語義の変動の基本法則を構成している。語は、そ
れが編み込まれている文脈全体から、知的・感情的内容を摂取し・吸収しており、
語を孤立的に・文脈の外側で捉えるときに語義に含まれているものよりも、よ
り大きく、または、より小さく、意味しはじめる。より大きくと言うのは、新
しい内容に満たされた・さらに一連の領域を獲得することで、語義の範囲が拡
大されるからである。より小さくと言うのは、抽象的な語義が、語がその文脈
だけで意味するものによって、制限され・狭められるからである。ポランが言
うには、語の意味は、ある程度は個の意識に照応して・同一の意識にとっては
状況に応じて、絶えず変動していく、複雑で可動的な現象である。この点では、
語の意味は汲み尽くされない。語は文[28]においてのみ自己の意味を獲得するが、
文そのものは段落の文脈においてのみ意味を獲得し、節は書物の文脈において、
書物は著者の全作品の文脈において、意味を獲得する。それぞれの語の現実の
意味は、結局のところ、その語によって表現されるものに関わる・意識のなか
に存在する諸モメントの、すべての豊かさによって、規定されている。ポラン
は述べている、――「地球の意味とは、地球についての表象を補充する太陽系で
あり、太陽系の意味とは銀河であり、銀河の意味とは……。つまり、私たちは

28　概して、仏語の phrase〔フラーズ〕は「文」を、露語のфраза〔フラーザ〕は「句」を
　　意味するが、ここはポランの文章を要約している箇所なので、фразаを句ではなく文と訳
　　した。

けっして、何かについての完全な意味を、したがって、何かの語の完全な意味を、知らないのである。語は新しい問題の汲み尽くしえぬ源泉である。語の意味はけっして完全ではない。結局のところ、語の意味は、世界の理解と全体としての人格の内的構成とに、依存している」[29]。

　だが、ポランの主要な功績は、意味と語との関係に分析を加えて、次のことを指摘しえたことである。すなわち、語義と語とのあいだにおけるよりも、意味と語とのあいだには、はるかに独立的な関係が存在する、ことである。語は、語において表現されている意味と、解離することがある。語が自己の意味を変動しうることは、以前から明らかである。比較的最近になって気づかれるようになったことは、意味がどのように語を変動させるのか、つまり、より正しく言えば、概念がどのように自己の名前を変動させるのかも、やはり、研究しなければならない、ことである。ポランは、意味が消滅しているのに語は残っている、という多くの事例を取り上げている。彼は、ステレオタイプ的な常用句（「ご機嫌はいかがですか」の事例）・虚言・意味からの語の独立性のその他の現れ、に分析を加えている。意味もまた、意味を表現する語から切り離されることもあり、そうした意味がきわめて容易に他の語のなかに定着することもある。彼は述べているのだが、語の意味は、語の音のそれぞれとではなく、全体としての語と結びついている、それとまったく同じように、文の意味は、文を構成する個別的な語とではなく、全体としての文と結びついている。それ故に、ある語が他の語の代わりをする、ということが起きる。意味は語から切り離されて、そのようにして保存される。だが、語が意味なしに存在しうるならば、意味は同じように語なしに存在することもできる。

　私たちはふたたび、内言において実験的に確認することのできたものと類似

29　ポランの原文では「地球の意味については、それを完全なものにするのは太陽系であり、太陽系の意味については、銀河の全体が疑いもなく私たちにそれをよりよく理解させ、銀河の意味については …。つまり、私たちは、何についても、したがって、いかなる語についても、その完全な意味を決して知り尽くすことがないのである。語は新しい問題の汲み尽くせない源泉である」（本書 49 ページ）となっている。「結局のところ、意味は世界の理解、全体としての人格の内的構成に立脚している」は、ポランの原文にはなく、ヴィゴツキーの解釈を示している。

した現象を、話しことばにおいて顕わにするため、ポランの分析を利用することにしよう。話しことばでは、通例、私たちは、意味のもっとも安定した恒常的な要素から・意味のもっとも不変な領域から・つまり語義から、語のより流動的な領域へ・語の全体的な意味へと、進んでいる。内言においては、その逆に、話しことばの個別的な事例で多少なりとも弱く表現された傾向として観察される・意味の語義に対する優越性が、極限値に達し、絶対的形式で表される。ここ〔内言〕では、意味の語義に対する・文の語に対する・文脈全体の文に対する・優越性は、例外ではなくて恒常的な規則なのである。

　そうした事情から、内言の意味論の他の二つの特殊性が生じてくる。その二つは、語結合の過程・語の組み合わせと一体化との過程に、関わるものである。そのうちの最初の特殊性は膠着に近い、と言いうるもので[30]、ある言語では基本的現象として観察され、他の言語では多少なりとも稀にしか出会わない語結合の様式として観察されている。たとえば、ドイツ語では、一つの名詞がしばしばひとまとまりの句、あるいは、いくつかの個別的な語から形成されており、この場合、諸語は一つの語の機能的意義をもって現れている。他の言語では、そのような語の粘着は、恒常的に作用するメカニズムとして観察される。W・ヴントが述べていることだが、そうした合成語は、語の偶然的な集合ではなくて、一定の法則にもとづいて形成されている。これらのすべての言語は、単純な概念を意味する・多数の語を、きわめて合成的な概念を表現するばかりか・その概念に含まれているすべての部分的表象をも意味する・一つの語に、結合している。言語の諸要素のそうした力学的結合、あるいは、膠着において、最大のアクセントはつねに、言語が容易に理解される主因となる・主要な根源つ

30　ここで言う「膠着」とは、言語学が述べる・言語の形態的類型のひとつである「膠着語」においてなされるような語結合のことであろう。膠着語とは「言語の形態的類型の一つ。実質的意味を持つ語や語幹に機能語や接辞を付けて、さまざまな文法範疇（名詞の格や動詞の法・時制など）を表す言語。日本語はその一例。スワヒリ語・トルコ語・朝鮮語などがこれに属する」（広辞苑第6版）ものである。日本語を例にとれば、名詞は単独では多くの場合、文のなかで機能しないが、名詞＋助詞という語結合によって意味をなすようになる。形態的類型はこのほか、屈折語（印欧語族の多くの言語において語そのものが変化をとげて文のなかで機能している）、孤立語（中国語のように語は自らが変化せず、また、（日本語のような）他の語と結合することなく、文のなかで機能している）がある。

128

まり主要な概念に付されている。たとえば、デラウエア語[31]には、「届く」「小舟」「私たち」という語から形成された合成語があり、その意味は文字通り、「小舟で私たちのところに来る」「小舟で私たちのところに渡る」である。川を渡れとの敵への呼びかけとして通例使われているこの語は、デラウエア語の動詞の多数の法・時勢のすべてにもとづいて、変化するのである。ここで特筆すべきは、次の二つのモメントである。第1に、合成語の構成のなかに入り込む個々の語は、語の一部が短縮から合成語のなかに入り込むという具合に、しばしば、音声的側面から短縮されている。第2に、このようにして生まれ・きわめて合成的な概念を表現する・合成語は、機能的側面と構造的側面とから見て、一つの語として現れるのであって、自立的な諸語の結合としてではない。ヴントが述べるように、アメリカ〔ネイティヴ・アメリカン〕の諸言語では、合成語は、単純な語とまったく同じように、正確に屈折したり活用したりする。

　私たちが類似したものを観察したのは、子どもの自己中心的言語のなかであった。この形式のことばが内言に接近するにつれて、一つの合成語を形成する様式としての膠着が、合成的な概念を表現するために、ますます頻繁・明瞭に現れてきた。子どもは、その自己中心的発話のなかで、自己中心的言語係数の凋落に並行して、語の非統語論的粘着への傾向をますます頻繁に顕わにするようなる。

　内言の意味論の第3の、最後の特殊性もまた、話しことばにおける類似した現象と対比すれば、より容易に了解することができる。内言の本質は、語義よりも変動的で広がりをもつ・語の意味が、語義の結合・合流のときに観察されるものとは別の・相互の結合と合流との法則を顕わにする、という点にある。私たちは、自己中心的言語のなかに見られる・語結合の独自の様式を、意味の流出入 влияние と名づけたのだが、その際、この語を、その語源的な語義（вливание〔流入〕）と同時に、そこから転じて今では一般に認められている語義〔影響〕とにおいて、理解してのことである[32]。諸意味は、相互に流入しあい、

31　ネイティヴ・アメリカン諸語の一つ。
32　ヴィゴツキーは自らが言うように、ここで、влияние〔ヴリヤーニエ〕を、その語源的な意味としての вливание〔ヴリヴァーニエ、流入〕と通常の意味〔影響〕とを含むものと

第Ⅱ章　ヴィゴツキー：思惟と語（翻訳）　129

相互に流出しあうかのように、前の意味が、後の意味に含まれ、あるいは、後の意味を変形するかのようである。外言についていえば、類似した現象は芸術的ことばのなかに特に頻繁に見られる。語は、芸術作品を貫通しながら、作品に含まれた意味的単位のあらゆる多様性を摂取し、自己の意味にもとづいて作品全体のあたかも等価物になるかのようである。このことは、芸術作品のタイトルを事例にすれば、とくに容易に説明がつくことである。芸術文学におけるタイトルは、たとえば、絵画や音楽の場合と異なる・作品への関係のなかにある。このタイトルは、言うなれば絵画のタイトルよりも、はるかに大きく、作品の意味内容の全体を表現し、それを桂冠で飾っている。「ドンキホーテ」と「ハムレット」、「エフゲニー・オネーギン」と「アンナ・カレーニナ」という語は、もっとも純粋な形で、この意味の流出入の法則を表している。ここでは、一つの語のなかに作品全体の意味内容がリアルに含まれている。意味の流出入の法則をとくに明瞭にあらわす事例は、ゴーゴリの長編のタイトル、「死せる魂 Мертвые души」である。この語義は、もともとは、国勢調査の名簿からまだ削除されていないので・生きている農奴のように売買することのできる・死んだ農奴、を意味している。彼らは死んではいるが、数の上ではまだ生きている農奴である。この語は、長編の全体を通して、この意味で使われていて、その主題は死んだ農奴の買い付けをもとに構成されている。だが、長編という織物の全体を赤い糸のように貫きながら、この二つの語〔мертвые души：死んだ・農奴〕は、完全に新しくはかり知れず豊かな意味を摂取し、海水を吸収する海綿のように、長編の個々の章・形象のもっとも深い意味的一般化を吸収し、この語は、長編の結末に至るまで、この意味に完全に満たされていることがわかる。ところで、いまや、この語はすでに、もともとの語義と比べて完全に別のものを意味している。「Мертвые души〔ミョールトヴィエ・ドゥーシ〕」とは、数の上では生きている・死んだ農奴ではなく、生きてはいるが精神的に死んで

───────────────

して、用いている。その両義を表すために、влияние〔ヴリヤーニエ〕を「流出入」と訳した。ただし、влияние〔ヴリヤーニエ〕と вливание〔ヴリヴァーニエ〕とが同時に書かれている場合には、前者を「流出」、後者を「流入」とした。

いる長編の主人公たち全員のことである[33]。

　類似したものが—ふたたび極限にまで達する形で—内言のなかに観察される。ここでは、語は、その語義の枠をほとんど限りなく拡大することで、前後の語の意味を摂取しているかのようである。内言における語は、外言におけるよりも、意味をはるかに多く積載している。〔内言における〕語は、ゴーゴリの長編のタイトルと同じように、意味の・集中された凝縮である。そうした意味 значение を外言という言語に翻訳するためには、一つの語に流入した意味を、語による一連のパノラマに展開せねばならないかのようである。まったく同様に、ゴーゴリの長編のタイトルの意味を完全に解明するために、このパノラマを『死せる魂』の全文にまで展開することが必要であるかのようだ。ところで、この長編のあらゆる多様な意味が二つの語〔タイトルの語〕という窮屈な枠のなかに詰め込まれうるのとまったく同じように、内言においては、膨大な意味内容が一つの語という容器に流入しうるのである。

〔内言の理解しにくさとは何か〕

　内言の意味的側面がもつ・これらすべての特殊性は、あらゆる観察者が指摘する・自己中心的言語または内言の理解しにくさへと、導いている。子どもの自己中心的発話を理解しようとしても、その発話を構成する述語が何に関するものか〔つまり主語〕を知らないなら、また、子どもが何を為しているか・彼が目のあたりにしているのは何か、を見ていないなら、理解しえないのである。ワトソンは内言について述べている。—もし内言を録音機の音盤に記録しえたとしても、内言は私たちにとってまったく理解しがたいままであろう、と。そうした内言の理解しにくさは、短縮性と同じく、どの研究者によっても指摘されている要因であるが、しかし、まだ一度も分析を加えられていない。ところが、分析が示していることだが、内言の理解しにくさは、短縮性と同じく、きわめて多くの要因に由来する・まったく異なる諸現象の総計的な現れ、なので

33　душа〔ドゥシャー、души の単数形〕には農奴という意味とともに魂という意味もある。

第Ⅱ章　ヴィゴツキー：思惟と語（翻訳）　131

ある。内言の独自の統語論・音声的側面の縮減・独特な意味論的態勢という、上述したすべてのものが、すでに、この理解しにくさの心理学的本性を十分に説明し解き明かしている。だが、さらに二つのモメントについて論じてみたい。それらのモメントは、多少なりとも直接的に理解しにくさをひき起こし、理解しにくさの背後に隠されているものである。それらのうちの第1のものは、上に列挙したすべてのモメントの統合的な結果を示しているかのようであり、内言の機能的独自性から直接的に流れ出るものである。この言語〔内言〕は、その機能そのものから言えば、相互交通のためにあるのではない、これは、自己のためのことば〔対自的なことば〕であり、外的条件とはまったく異なる内的条件のなかで流れていき・まったく別の機能をはたしていく・ことば、なのである。それ故、驚くべきことは、このことば〔内言〕が理解しにくいということではなくて、内言の理解を期待することができること、なのである。内言の理解しにくさをひき起こす第2のモメントは、この言語の意味的構成の独自性と結びついている。この考え мысль を了解するために、私たちの発見した内言の現象と、外言のなかにある類縁的な現象とを、ふたたび対比することにしよう。トルストイは、『幼年時代』『少年時代』『青年時代』その他のなかで、次のことについて語っている。すなわち、同じ生活を営んでいる人たちのあいだには、条件的な語義・独特な方言・その発生に関与する人たちだけに分かる独特な隠語が、いかに容易に発生するのか、についてである。イルテニエフ兄弟には自己の方言があった〔『幼年時代』〕。路上に生きる子どもたちにはそのような方言がある。ある条件のもとで、語は、通常の意味と語義とを変動させ、それらが発生するある条件によって語に付与された特殊な語義を獲得する。だが、完全に明らかなように、内言の条件においても、やはり、そのような内的方言が必然的に発生するはずであろう。どの語も、内的に使用されると、次第に、別の陰影・別の意味的ニュアンスを獲得していき、それらは、次第に定着したり集積したりしながら、新しい語義に転化していく。実験が示しているように、内言における語義は、つねに、外言という言語に翻訳されえない慣用句〔イディオム〕である。これは、たえず、内言の平面においてのみ理解される個人的語

義であり、それは、母音の省略や語の脱漏と同じように、「イディオティズム」に満ちている。

　本質的に、多様な意味内容の・一つの語への流入は、いつも、個人的な・翻訳されえない・語義の、つまり、慣用句の、形成を示している。ここで生じることは、すでに私たちが引用したドストエフスキーの典型的事例において紹介したことである。六人の酔っぱらった職工の談話のなかに起きたことは、外言にとって例外であるが、内言にとっては規則である。内言においては、たえず、すべての思惟と感覚を、一連の深い推論さえも、一つの名称だけで表現することができる。もちろん、この場合、複雑な思惟・感覚・推論のための一つの名称の語義は、外言なる言語には翻訳されえないし、同じ語の普通の語義と比較することができない、と分かるであろう。内言のあらゆる意味論がもつ慣用句的性格のおかげで、この言語は、当然ながら、理解しにくく、私たちの普通の言語に翻訳しがたいものなのである。

　ここで、私たちが実験で観察した内言の特殊性の概観を終えることができる。これらすべての特殊性は自己中心的言語の実験研究にあたり当初から確認することができたのだが、そうした事実の解釈のために、それを外言の領域における類似的・類縁的な事実と対比することに訴えた、と言わねばならない。この対比が私たちに重要であったのは、発見した事実の一般化の道だけでも、したがって、事実の正しい解釈の道としてだけでもなく、内言の複雑で繊細な特殊性を話しことばの事例によって了解する手段としてだけでもなかった。主要には、この対比が、すでに外言のなかにこの〔内言の〕特殊性の形成の可能性が含まれていることを示したのであり、それによって、自己中心的言語と外言とからの内言の発生という私たちの仮説を確証したからであった。重要なことは、これらすべての特殊性がある状況のもとで外言のなかに発生しうるということであり、また重要なことには、このことが概して可能であるのは、述語主義・ことばの形相的側面の縮減や、語の意味の語義に対する優越性や、意味的諸単位の膠着や、意味の流出入や、ことばの慣用句性への諸傾向が、外言にも観察されるからである。したがって、語の本性と法則とが、このことを許容し、こ

第II章　ヴィゴツキー：思惟と語（翻訳）　133

のことを可能にしているからである。繰り返すが、これらのことは、私たちの仮説—子どもにおける自己中心的言語と社会的言語の分化による内言の起源についての仮説—の最良の確証であると思われる。

　私たちが指摘した内言のすべての特殊性は、私たちがあらかじめ提起した基本的な仮説—内言は完全に独特で・自立的で・自律的で・独創的な・ことばの機能を表している、という基本的な仮説—の正しさに、疑いの余地を残していないであろう。私たちの前にあるのは、現実には、外言とはことごとく完全に異なることばである。それ故に、私たちには、内言を、思惟と語との動的関係を媒介する・言語的思考の独特な内的平面と見なす権利がある。内言の本性、この言語の構造と機能とについてすべてを述べた後には、次の点に、いかなる疑問も残されていない。すなわち、内言から外言への移行は、ある言語から他の言語への直訳ではなく、沈黙のことばへの音声的側面の単純な連結でも、内言の単純な音声化でもなくて、ことばの再構造化なのであり、内言の完全に独創的・独自的な統語論、内言の意味的態勢と音声的態勢とが、外言に特有な他の構造的形式に転化していくこと、なのである。内言がことば・マイナス・音でないのとまったく同じように、外言は内言・プラス・音ではない。内言から外言への移行は、複雑な動的変形であり、—述語的・慣用句的なことばが、統語論的に分解され・他者に理解される・ことばに転化すること、である。

　いまや、私たちのすべての分析の前置きとなった、内言の規定と外言への対立性とに戻ることができる。私たちは、内言は完全に独特な機能であり、ある意味では内言は外言と対立している、と語ってきた。また、内言を外言の先行者・外言の内的側面と見なす者には同意しなかった。もし外言が思惟の語への転化の過程、思惟の物質化・客観化であるとするなら、ここで〔内言のなかに〕私たちが観察しているは、逆方向の過程であり、あたかも外側から内側へと進む過程、思惟におけることばの消滅の過程である。しかし、ことばは、その内的形式においても、けっして消滅しない。意識は、純粋精神のなかでも[34]、けっ

34　"и чистом духе"は"и в чистом духе"と考え、「純粋精神のなかでも」と訳した。вを欠落させた誤植であろう。

して消滅しないし溶解しはしない。内言もまたことばなのであり、語と結びついた思惟なのである。だが、思惟が外言における語のなかに具現化するのに対して、内言のなかでは、語は、思惟を生み出しながら、〔通常の形式としては〕死滅していく。内言は、ほとんどが、純粋な意味значение による思考であり、詩人が述べているように、私たちは「口がすぐに疲れる」のである[35]。内言は、私たちが研究した言語的思考のより形を整えて確固とした両極のあいだに―つまり、語と思惟とのあいだに―見えかくれする、動的で・不安定で・流動的な・モメントである、ということが分かる。それ故、私たちの分析をさらに一歩、内側にすすめ、きわめて一般的であるとはいえ、言語的思考の次のような強固な平面についての表象を得ることができるときにこそ、内言の真の意義と地位とを解明することができるのである。

〔V 言語的思考の新平面（思惟そのもの）の考察〕

〔ことばを見つけられない思惟〕

この言語的思考の新しい平面とは、思惟そのものである。私たちの分析の最初の課題となるのは、この平面を取り出すこと、それがたえず出会っている統一性からこの平面を分離させること、である。すでに述べたことだが、どの思惟も、何かと何かを結合しようとし、運動・切断・展開をもち、何かと何かのあいだの関係を確認している。言いかえれば、何らかの機能・作業を遂行し、何らかの課題を解決している。そうした思惟の流れと運動とは、ことばの展開と直線的・直接的には一致しない。思惟の単位とことばの単位とは、一致しないのである。両者の過程は統一性を顕わにしているが、それは同一性ではない。両者は複雑な移行・複雑な転化によって相互に結びついているが、両者に引かれた直線のように、お互いを包み隠してはいない。このことにもっとも容易に確信がもてるのは、思惟の作業が不首尾に終わる場合、ドストエフスキーが言

---

35 フョードル・チュッチェフの詩「閃光」（Проблеск、1854 年）より。

うように、思惟が語にたどり着かなかった場合、である。私たちはふたたび、それを明瞭にするために、文学的事例、グレープ・ウスペンスキーの・ある人物の観察のシーンを使うことにしよう。それは、惨めな百姓の陳情人が、彼を捉えている大きな思惟を言い表すための語を見つけられずに、どうしようもなく苦しみ、神が概念を与え給うように聖者に祈祷してもらうべく立ち去るのだが、表現しがたい苦しみの感覚を残す、というシーンである。ところで、本質的には、この哀れな絶望した知性が体験しているものは、詩人または思想家における同じようなことば cлoвo の苦悩と少しも違わない。この陳情人はほとんど同じ語で語っている―「おらの友よ、おらはお前さんに、明け透けにしゃべるだが、おらたちの同胞にはことばってもの язык-то がねぇのじゃ ……。しゃべりてぇことは、頭から по мыслям 出てくるだが、ことば язык-то から離れちまう。こいつが、おらたち阿呆の悲しみってもんじゃろ」。時折、闇に薄っすらと光がさしてくる。思惟はこの惨めな者にも了解され、詩人がそうであるように、なるほど「神秘が馴染みの外観を帯びてくる」と彼には思われるのである。彼は説明し始める。

「―『たとえばだ、おらは土地から出てきた、土地から。だから、土地に戻るんじゃ。おらが土地に戻るんなら、反対に、どんなやり方でおらから土地の買い戻し金を取れるんじゃ？』

―それで、とわれわれは喜んで声を発した。

―旦那さまよ、ここで、まだことば cлoвo が要るだ〔しゃべることが必要だ〕…… 旦那さまよ、それが分かるかね …… 陳情人は立ちあがって、手の指をさらに一本折る準備をしながら、部屋の真ん中に起った。―ここで、彼からは、本当に何も語られなかった。ここでは、たとえば、何故だ、と言うべきだった ……―だが、ここで彼は立ち止まってしまった。が、生きかえったように声をあげた、―お前さんに魂を与え給うたのは誰なんじゃ？

―神さま。

―正しい。そうじゃ。さあ、ここを見なされ ……

私たちは見ようとしたが、陳情人はまた精力を失って口ごもった。腰を叩いて、ほとんど絶望のなかで絶叫したのだ。

—ちがう！ お前さんは何もしちゃいねぇ。あそこには何もねぇ......あぁ、おらが神さま！ ここで、お前さんに幾らかでもしゃべるつもりじゃ！ どこからか、しゃべらにゃならねぇだ！ 魂のことをしゃべらにゃならねぇ—もっと！ いや、ちがう、ちがう！」[36]。

この場合、思惟を語から切り離している境界、話者には渡れない・思考をことばから切り離している・ルビコン川が、はっきりと見られる。もしも思惟が自己の構成・流れにおいて、ことばの構成・流れと、直接的に一致しているとすれば、ウスペンスキーが書いたような事例はありえないであろう。だが、実際のところ、思惟はその独特な構成と流れとを持っており、そこからことばの構成・流れへの移行が大きな困難性を示しているのは、上述したシーンの一人の主人公にとってだけではない。ことばの背後に隠されている思惟、というこの問題は、おそらく心理学者よりも前に、舞台芸術家が突きあたったものである。とくに、スタニスラフスキー・システムのなかに見られるのは、ドラマにおける一つひとつの応答のポドテクストを再創造しようとする試み、つまり、それぞれの発話の背後にある思惟と願望とを明らかにしようとする試み、である。ふたたび事例を取りあげてみよう。

〔テクストとポドテクスト〕

チャーツキイはソフィアに話す。

—世の中に信じる人程幸福な者はありませんよ[37]。

36　Г.И.Успенский, Наблюдения одного лентяя, Глаза вторая Воспоминания по случаю странной встречи - I, 1871, グレープ・ウスペンスキー『ある怠け者の観察』第2章「奇妙な出会いのケースについての回想」- I 節、作家グレープ・ウスペンスキーはロシアにおける記録文学の発端に位置する作家である。

37　グリボエードフ『知恵の悲しみ』第1幕・第7場、米川正夫訳。

この句のポドテクスト〔下支えのテクスト、あるいは、テクストに隠されている思惟〕を、スタニスラフスキーは、「この話はやめにしよう」という思惟として明らかにした。同じような権利をもって、同一の句を他の思惟の表現と見なすこともできるであろう。——「私はあなたを信じない。あなたは、私を安心させるために、慰めのことば слова を述べている」と。あるいは、さらに一つの思惟を下に置くこともできるだろう。それは、同じような根拠をもって、この句に表現されているものを見出しうるであろう。すなわち、「なるほど、あなたは私を苦しめていることを知らない。ならば、私はあなたを信じてみたい。そうすることは私には幸いであろう」と。生きた人間によって語られた生きた句は、自己のポドテクストを、その句に隠されている思惟を、つねに持っている。私たちが心理学的主語・述語と文法的なそれらとの不一致を示そうとした前述の諸事例では、私たちの分析は、根底まで至ることなく、中断された。同一の句が異なる思惟のための表現となりうるのと同じように、同一の思惟も異なる形式で表現されうる。文の心理学的構造と文法的構造との不一致そのものは、なによりもまず、どのような思惟がこの文で表現されているのか、ということによって、規定されている。「なぜ時計は止まっているのか」の問いに続いて発せられる「時計が落ちた」という応答の背後には、「時計が壊れたのは私のせいではない。時計が落ちたのだ」という思惟が控えていることもある。だが、同じ思惟が他の句によって表現されることもある。すなわち、「私には他人のモノを触る習慣はない。私はほこりを拭っていただけだ」と。そうした思惟が是認されるなら、思惟はこれらのどの句にも表現を見出すことができる。この場合、同一の思惟を表現しているのに、句の意味 значение はきわめて多様である。

　こうして、私たちは、思惟は直接にことばの表現と一致していない、という結論にたどり着く。思惟は、ことばのように、個々の語から成り立つ、ということはない。私は今日、青い仕事着を着た少年が裸足で通りを駆けていったのを見た、という思惟を伝えたいとき、私は個別的に少年を見たわけではなく、個別的に仕事着を、個別的にそれが青いということを、個別的に彼は靴を履い

ていないことを、個別的に彼は駆けていることを、見たのではない。私は、思惟の一つの働きのなかで、これらすべてを一緒に見るのであるが、ことばにおいては、これらすべてを個別的な語に分解する。思惟はたえず、全体を表しており、個別的な語よりも、その延長と規模において著しく多くのものを表している。雄弁家はしばしば、わずかな時の流れのなかで、同一の思惟を発展させる。この思惟は、彼の知性のなかに全体的なものとして含まれており、彼のことばが発達するようには、けっして段階的に、個別的な諸単位を発生させるのではない。思惟のなかに偽装的〔同時的〕に含まれているものは、ことばにおいては遷移的〔逐語的〕に展開されている。思惟は、語の雨を降らせる・低く垂れ下がる雲と比較することができるであろう。それ故に、思惟からことばへの移行過程は、思惟を分解しそれを語のなかで再創造するという・極度に複雑な過程である。思惟は、語と一致しないばかりか、思惟が表現される語義とも一致しないのであるからこそ、思惟から語への道は語義を通り越していく。私たちのことばには、絶えず、逆行する思惟、隠されたポドテクストがある。思惟から語への直線的な移行は不可能であるので、たえず、複雑な道の敷設が求められ、語の不完全性への苦情と思惟の表現不可能性についての悲嘆とが生まれるのである。

　　どのように己が心の内を語ればよいのか、
　　君を理解するように、どのように他者を理解すればよいのか ……
　　言い換えれば、
　　あぁ、ことば слово なしに心をあらわすことができれば！[38]

　そうした苦情を克服するために、新しい語義を通る・思惟から語への新しい道を創りだしながら、語を溶かしていく試みが生まれている。フレーブニコフは、この作業をある谷間から他の谷間への道を敷設することと比較して、モス

38　第1句・第2句はチュッチェフの詩「沈黙 Silentium!」（1829 年または 1830 年代始め）から、最後の句はアファナーシー・フェートの詩「羽虫が鳴くがごとく Как мошки зарею」（1844 年）から採られている。これもまた、モンタージュである。

第Ⅱ章　ヴィゴツキー：思惟と語（翻訳）　139

クワからニューヨークを経由せずにキエフに至る直行の道について語り、自己
自身を言語の旅人と呼んだ[39]。

　実験が示していることだが、上述したように、思惟は、語のなかで表現され
るのではなく、語のなかで遂行される。だが、ウスペンスキーの主人公の場合
のように、思惟はけっして語のなかで遂行されない。この男は、考えたいと思っ
ていることを、知っているのだろうか。彼は、思い出したいと思っていること
をいかに知ったらいいのか、を知っていた—この想起はうまくいかなかったの
だが。彼は考えはじめたのだろうか。人々が思い出しはじめるように、始めた
のである。ところで、彼には、過程としての思惟はうまくいったのだろうか。
この問いには否定をもって答えねばならないであろう。思惟は、外的に記号に
よって媒介されているばかりか、内的に語義によって媒介されてもいる。すべ
ての問題は、意識の直接的交通は物理的に不可能であるばかりか心理学的にも
不可能である、という点にある。これが達成されうるのは、間接的・媒介的な
道による以外にはない。この道は、まずは語義による・後には語による・思惟
の内的媒介のなかにある。それ故に、思惟は、直接的な語義とは、けっして等
しくない。思惟の語による表現への道において、語義は思惟を媒介している。
つまり、思惟から語への道は、非直線的な・内的に媒介された道なのである。

〔Ⅵ　「思考と言語」から「意識と言語」へ〕

〔思惟の背後にある動機の領域—欲望・情動・意志〕

　最後に残されているのは、言語的思考の内的平面の私たちの分析における、
最後の、締めくくりの一歩を踏み出すことである。思惟とは、まだ、この過程
全体の最終審ではない。思惟そのものは、他の思惟から生まれるのではなく、
私たちの意識の動機の領域から、私たちの欲望と欲求、関心と意欲、感情と情
動を掌握する動機の領域から生まれる。思惟の背後には、感情と意志との傾向

39　ヴェリミール・フレーブニコフ「われわれの基礎」§1、1919 年が念頭におかれている。

が控えている。この傾向だけが、思考の分析における最後の「なぜ」に、解答を与えることができる。私たちはすでに、思惟を、語という雨を降らせる・低く垂れ下がる雲と比較しておいたが、それに対して、この比喩を続けるとすれば、思惟の動機は、この雲を運動させる風に擬さねばならないであろう。他者の思惟の現実的で完全な理解が可能となるのは、その思惟に働いている感情的－意志的内情を明るみに出すときにだけである。思惟の発生をもたらし・思惟の流れを御する・諸動機の解明は、役の演劇的解釈にあたり、すでに私たちの使用した・ポドテクストの解明の事例にもとづいて、例解することができる。ドラマの主人公の応答〔セリフ渡し〕の各々の背後には、スタニスラフスキーが教えているように、ある意志的課題の遂行を志向する願望が控えている。この場合に演劇的解釈の方法によって再創造しなければならないものは、生きたことばにおいては、たえず、言語的思考のあらゆる働きの端緒的モメントである。各々の発話の背後には、意志的課題がある。それ故、スタニスラフスキーは、戯曲のテクストに並行的して、ドラマの主人公の思考とことばとを運動させる・各々の応答に照応した・願望を、指摘したのである。チャーツキイの役に由来するいくつかの応答のための、テクストと、スタニスラフスキーの解釈によるポドテクストとを、事例として引用してみよう。

戯曲のテクスト―セリフ渡し	並行的に芽生える願望
ソフィア まあ、チャーツキイさん、わたし大変嬉しゅうございますわ。	当惑を隠してしまいたい。
チャーツキイ あなた嬉しいんですって？ おめでとう！ しかし本当に喜んでいるものが、そんなに平気でいられますか？	嘲笑で恥いらせてやりたい。 なんとあなたは恥じていない！

第Ⅱ章　ヴィゴツキー：思惟と語（翻訳）　141

まあつまり、わたしは馬だの駆者だのを醜い目にあわせて、ただ自分で自分を慰めたっていう訳ですね！	心の奥を打ち明けさせたい。
リーザ もしあなたが、戸の外で聞いてらしったらよござんしたのにね。 全くですわ、つい五分ばかり前に、わたし共はあなたのお噂をしていましたの。お嬢さま、御自分でお話しなさいませ。	鎮めたい。 難しい状態にあるソフィアを助けたい。
ソフィア 今ばかりじゃございません、いつでもなんですわ。 あなたわたしにそんな不足がましい事をおっしゃるわけはありません。〔後略〕	チャーツキイを鎮めたい。 私にはまったく罪はない！
チャーツキイ まあ、それならそうとして置きましょう。世の中に信ずる人程幸福な者はありませんよ。	この話はやめにしよう！等々。

〔後略〕 40

　他者のことばを理解しようとするにあたり、たえず明らかになるのだが、話し相手の思惟を理解せずに、ただ彼の語だけを理解するのでは不十分である。しかし、話し相手の思惟の理解も、その思惟がその故に語られている・彼の動機の理解がなければ、不完全な理解である。それとまったく同じように、どの

40　セリフ渡しについては、グリボエードフ「知恵の悲しみ」第1幕・第7場、米川正夫訳。

発話の心理学的分析においても、私たちがその根底にまで達するのは、そうした言語的思考の最後の・もっとも見えにくい・内的平面、つまり、その動機を明らかにするときなのである。

　ここで、私たちの分析は終了する。分析の結果としてもたらされたものを、一瞥してみよう。言語的思考は複雑な変動的全体だと、私たちには思われた。そこでは思惟と語との関係が、一連の内的平面を通過する運動として、ある平面から他の平面への移行として、顕わにされた。私たちは、もっとも外的な平面からもっとも内的な平面へと、分析を進めた。言語的思考の生きたドラマでは、運動は逆の道を進む—思惟を生み出す動機から、思惟そのものの形成へ、つまり、内的な語、後には、外的な語義、最後には、語〔そのもの〕における思惟の媒介化へと進むのである。しかしながら、これこそが思惟から語への唯一の道であって、これがたえず実際に遂行されている、と考えるのは、正しくないであろう。その逆に、この問題での私たちの知識の現状では、きわめて多様で・数え切れないほどの、ある平面から他の平面への・まっすぐな運動と逆の運動・まっすぐな移行と逆の移行、が可能である。しかし、今やすでに、私たちはもっとも一般的な形で知っているのだが、あれこれの方向へ—動機から思惟を経て内言へ、内言から思惟へ、内言から外言へ、等々—と進むこの複雑な道における任意の点で途切れる運動も可能である。思惟から語への基本的軌跡に沿って・現実に遂行される・これらの多様な運動の研究を、私たちの課題に含めなかった。私たちが関心を抱いたのは、ただ一つ—基本的で主要なものであった。すなわち、変動的過程・思惟から語への道・思惟の語における遂行と具現化として、思惟と語のあいだの関係を解明することであった。

〔研究のまとめ〕

　私たちは、研究のなかでは、いくぶん通常とはちがう道を進んだ。思考とことばとの問題において、私たちは、直接的な観察から隠された、この問題の内的側面を研究しようとした。また、心理学にとって絶えず、研究されることも

なく・知られざる月の裏側・であった語義に、分析を加えようとした。ことばが、外側ではなく内側に向けて、人格に向けて、使われるときの、ことばの意味的な・あらゆる内的な側面は、ごく最近まで心理学にとって、未知で未踏な地として残されてきた。私たちに向けて使われる、主としてことばの形相的側面が、研究されてきた。それ故に、まったく様々な解釈があるもとでも、思惟と語との諸関係は、恒常的で・揺らぐことのない・一度使われれば永遠に定着する・事物の諸関係、として理解されてきた。内的で・変動的で・可動的な・過程の諸関係、としてではなかったのである。私たちの研究の基本的な成果は、したがって、次の命題において表現することができるであろう。すなわち、不動で一様な諸連関と考えられてきた諸過程は、実際には、可動的な諸連関であることが分かる、という命題である。以前には単純な構成であると認められてきたものが、研究に照らせば、複雑な構成であることが明らかとなった。ことばの外的側面と意味的側面とに・語と思惟とに境界を定めようとする、私たちの志向に含まれているものは、実際には言語的思考がそうである統一性を、より複雑な姿・より繊細な連関において提示する、という志向に他ならない。この統一性の複雑な構成、言語的志向の個々の平面のあいだの複雑で可動的な連関・移行は、研究が示しているように、発達においてのみ、発生する。音声から語義の分離、事物から語の分離、語から思惟の分離は、概念の発達史における必然的な諸段階である。

　私たちには、言語的思考の構造・動態の複雑性の全体を汲み尽くそうという目論見はいささかもなかった。この変動的な構造の壮大な複雑性についての最初の表象を与えたいと思っただけであった。その場合、実験的に獲得され研究された事実・その理論的な分析と一般化、にもとづいた表象なのである。私たちに残されているのは、すべての研究の結果として私たちに生まれている、思惟と語との諸関係の一般的理解を、簡潔に要約することだけである。

　連合心理学は、思惟と語との関係を、反復によって外的に形成された二つの現象の連関として、表象してきた。この連関は、原理的には、その習慣が出来たばかりのときに発生する・二つの無意味な語のあいだの連合的連関に、完全

144

に類似しているのである。構造心理学は、そうした表象を、思惟と語との構造的連関の表象に取り替えた。だが、この心理学は、この連関の非特殊性という公準を不動なままにし、二つの対象のあいだに発生する・他の任意の構造的連関とこの〔思惟と語との〕連関を同列においてしまった。一たとえば、チンパンジーを相手にした実験における棒とバナナのあいだの連関、との同列化である。この問題を別な形で解決しようとした諸理論は、二つの対立的学説のまわりに、対極化された。一方の極を形成しているのは、思考とことばとの純粋な行動主義的理解であり、この理解は、思惟とはことば・マイナス・音声である、という定式のなかに表されている。他の極を示しているのは、極端な観念論的学説である。それは、思惟の語からの完全な独立性について、語が思惟にもたらす歪曲について、ヴュルツブルグ学派の代表者たちとH・ベルグソンとが発展させた学説である。「おごそかに語られた思惟は虚偽である」―このチュッチェフの詩句は、こうした学説の核心そのものを表現する定式に役立ちうるものである。ここから、意識を現実から分離しようとする心理学者たちの志向が生まれてくる。ベルグソンが述べるように、言語の枠組を壊してから、私たちの概念を、意識が概念を知覚する形を含む・概念の自然な状態で・把握しようとする、つまり、空間の支配から自由な概念を把握しようとする、志向である。これらすべての学説を一緒に取り上げるなら、思考とことばとのほぼすべての理論にそなわる一つの共通点―きわめて根深い原理的な反歴史主義―が顕わになる。これらすべては、純粋な自然主義と純粋な唯心論との二極のあいだで、揺れ動いている。これらすべては、同じように、思考とことばとを、思考とことばとの歴史の外側で捉えているのである。

　ところが、歴史的心理学だけが、内言の歴史的理論だけが、そうしたもっとも複雑で壮大な問題の、正しい理解に導くことができる。私たちは、研究において、まさしくこの道を進もうとしたのである。私たちがたどり着いたものは、ごく簡潔に表現することができる。私たちが見出したものは、思惟の語への関係は語における思惟の誕生という生きた過程である。思惟を失った語は、なによりも、死せる語である。ある詩人が述べているように、

第Ⅱ章　ヴィゴツキー：思惟と語（翻訳）　145

　　荒れはてた巣箱のなかのミツバチのごとく
　　死せることば слово は嫌な匂いがする[41]。

　だが、語に具現化されない思惟は、烙印のような影、他の詩人が述べるような「もや、音、光」にとどまる。ヘーゲルは、語を、思惟によって甦る存在と見なした。この存在は、私たちの思惟にとって絶対的に必要である。
　思惟と語との連関は、原初的な・一度で永遠に与えられた連関ではない。この連関は発達のなかで発生し、それ自体も発達する。「最初にことば слова ありき」。この福音書のことば слова に対して、ゲーテはファウストの口を通して応えた──「最初に行為ありき」と。それによって語の価値を下げることを望んだのである。だが、グーツマンが指摘するように、もし、ゲーテとともに語それ自体、つまり、発音される語をあまりにも高く評価せず、ゲーテとともに聖書の詩句を「最初に行為ありき」と翻案するとしても、発達史の観点からこの詩句を評価するなら、やはり、それを他の強調点をもって読むことができるであろう。──最初にあったのは行為である、と。グーツマンがこれによって言いたいのは、行為のもっとも高次の現れと比べて、語は彼には人間の発達のより高次の段階を示している、ということである。もちろん、彼は正しい。語は最初にはなかった。最初にあったのは行為である。語は、発達の始まりというよりは、むしろ、発達の終わりを形成している。語は、行為に桂冠を与える・〔発達の〕終わりなのである。

　　　　＊　　＊　　＊

　私たちは、研究のまとめとして、この研究領域の先に切り拓かれてくる展望を、短くはあっても述べておかねばならない。私たちの研究は、思考の問題よりも、さらに広く・さらに深く・さらに壮大な・他の問題──つまり、意識の問題、

41　ニコライ・グミリョフ「ことば」1919 年より。

への直前にまで近づいている。私たちの研究では、すでに述べたように、実験心理学にとっては月の裏側のように未踏の地のままであった・語の側面を、つねに念頭においた。私たちは、語の対象への、現実への関係を研究しようとした。私たちは、感覚から思考への弁証法的移行を実験的に研究し、思考においては感覚の場合と異なる形で現実を反映すること、語の基本的で際立った特色は現実の一般化された反映であること、を示そうとしたのである。だが、それによって、私たちは語の本性における次のような側面にも論及した。すなわち、その側面の意義は、思考そのものの境界を越えていき、その側面があらゆる十全さにおいて研究されうるのは、より一般的な問題の成分としてのみである。つまり、〔ここでの一般的な問題とは〕語と意識との問題である。もし感覚する意識と思考する意識とが、現実の反映を異なる様式で配分するとすれば、それらは異なるタイプの意識である。それ故、明らかに、思考と言語とは人間の意識の本性を理解する鍵である。もし「言語は意識と同じように古代からある」ならば、「言語は、他者のために存在し、したがって、私自身のために存在する、実践的意識である」ならば、「物質の呪い、運動する空気の変化の呪いが、始めから、純粋意識にのしかかっている」[42] ならば、明らかなことであるが、ひとり思考のみならず全体としての意識も、その発達において、語の発達と結びついている。実際の研究が一歩ごとに示しているように、語は、意識の個別的機能においてではなく、全体としての意識において、中心的な役割をはたしている。語は意識において、L・フォイエルバッハの表現を借りれば、一人の人間には絶対的に不可能であるが二人の人間には可能であるもの、なのである。語は、人間の意識の歴史的本性をもっとも直接的に表現したもの、である。

　太陽が小さな雨粒のなかに自己を映し出すように、意識は語のなかに自己を映し出す。小さな世界が大きな世界に、生きた細胞が身体に、原子が宇宙に関係するように、語は意識に関係する。語は意識の小世界なのである。意味づけ

42　マルクス『ドイツ・イデオロギー』第1巻—「I フォイエルバッハ」「A イデオロギー一般、とくにドイツ・イデオロギー」「一 歴史」から引用。

られた語は人間の意識の小宇宙である。

148

第Ⅲ章　言葉の内と外

神谷栄司

Ⅰ　音・模様・意味――ある言語体験から

　ことばとは、考えてみれば、摩訶不思議な生きものである。

　ことばは、私の意識と出会わなければ、私にとってはたんなる音か模様である。かなり前のことであるが、青森で通信教育の学生たちと懇談する機会があった。夕刻、いわゆる懇親会が始まった。しばらくすると、その地の女子学生二人が私の眼の前で話し始めた。そこで交わされているのは津軽ことばであり、正直に言えば、ひとことも理解できなかった。じっと二人の表情をながめていると、なんだか外国映画を見ているかのような錯覚におそわれる。もちろん、字幕はない。そこにあったのは豊かな眼の動きや表情と心地よい響きだけであり、彼女たちのことばは私にはそのような・意味を持たぬ音であった。

　また、数年前、テヘランに短期間滞在したおり、地下鉄に乗ってバザールに行こうとした。ホテル近辺の地下鉄の入口で路線図を見て、絶望した。この路線図はペルシャ文字のみで記されていて、それは、理解できない私にとっては模様でしかなかったからだ。幸いなことに、そこで偶然に出会った英語を話す親切な現地の方が、私を降りるべき駅に誘導してくれたのだった。

　モスクワでも奇妙な言語体験をした。音がことばとして私の意識に出会うと、ただちに意味が頭のなかに浮かんでくるという体験である。ある年、ヴィゴッキーに関する国際研究集会で、経済学者のアマルティア・センの「潜在能力 capability」の概念について語ったことがあった。その直後、香港出身のある研究者が笑顔を浮かべながら中国語で話しかけてきた（と思った）。「中国語で」と感じたのは、そのときまでにこの言語についてすっかり忘れていたのだが、学生時代に短期間中国語を学んだことがあり、いわゆる四声などの独特なイントネーションの感覚的記憶が残っていたからであろう。ところが、忘れた

はずの中国語なのに意味が頭のなかに浮かんでくる――「私はアマルティア・セ
ンの講演を聞いたことがあるわよ」。注意深く聞いてみると、中国語風のイン
トネーションで語られているのは英語であったのだ。いわゆる「シングリッシュ
（シンガポール風英語）」とはこのようなものなのか、と思った。その年、似た
ような奇妙な体験がもう一つあった。帰途のモスクワの空港で、大声で叫ぶ中
国語が耳に入ってきた（と思った）。このときも意味が浮かんできたのだ――「こ
こだよ、ここ」。今度はロシア語であった。

　これらのモスクワでの言語体験は、ことばについての思索に導いてくれた。
問いの焦点は「本人は中国語を聞いていると思っているのに、なぜ、英語やロ
シア語の意味が浮かんでくるのか」という点にある。もちろん根本的には相手
が英語とかロシア語とかで話そうとし、私がこれらの言語を多少知っているか
らなのだが、上述の事例では、まず、音素の連鎖とそのイントネーションとが
私にとって〔私だけとは限らないが〕明らかに「対立」している。私の耳はこ
の「対立的」両者を聞いている。主としてイントネーションからまず「これは
中国語だ」という判断が生じているのに、音素のつながりが本人の判断を裏切
り、英語とかロシア語とかで表された意味を伝えてくる。意味の強引とでもい
うべきこの伝搬は、音素はそれ自体では価値をもたないのに価値音（言語音）
の弁別機能はもっている、というヤーコブソンの所説と合致するであろう[1]。「対
立」したイントネーションをまとっているために、音素の連鎖をちょっと遅れ
て知覚したとき、私の頭のなかに意味が生じてくる。この場合は純粋な意味で
あったが、小説を読んでいるときに場面の情景や登場人物の映像が頭のなかに
浮かんでくるのと似たような形で、意識せずに意味が浮上してきたのである。

　このことが示唆するものは、ことばは人間の外側と内側に同時にある、とい
うことである。上述の体験の場合に明瞭であるのは、イントネーションは私の
意識の外側に残り、意味が私の内側に入り込んでいることである。肝心なこと
は、私の外側にあったことばが私の内側にも登場することである。だが、これ

1　ヤーコブソン「幼児言語、失語症および一般音法則」『失語症と言語学』服部四郎編・監訳、
　　岩波書店、1976 年、たとえば 37 ページ。

第Ⅲ章　言葉の内と外　151

ら2つのことばは同一のものであるとは、けっして言えない。イントネーションは外側のことばにはあるが、内側のことばにはないのであるから（私には、中国語風英語で語られた上記の研究者のことばの内容、その意味は再現できるが、イントネーションはまるで再現できない）。ここでヴィゴツキーを援用すれば、これは外言（外的言語）と内言（内的言語）の問題である。とりあえず表面的、形式的にいえば、外言は外に現れていることばであり、内言は自分のなかのことばである[2]。私の外側にあることばと内側にあることばは、上記のように同一のものではないが、もちろん、まったく無関係なのではない。意味において、より正確にいえば、意味の相対的に安定した領域にある語義において、外側と内側のことばはつながり、共通性さえ持っている〔そうであるからこそ会話が成立する〕。上述のモスクワでの言語体験の場合、音素の連鎖が私のなかに意味を浮上させたのであるから、音素は私のなかに蓄積されてきた語義（この場合は英語またはロシア語の語義）を引きづり出したのであろう[3]。

　いま述べてきたことは、人間の外側と内側にことばが存在することと密接に関連しつつ、ことばそのものにおいても外側と内側が存在することを、暗示している。ここでふたたびヴィゴツキーを援用すれば、ことばそのものの外側とは、ことばの「形相的側面」[4]のことであり、内側とは「意味的側面」である。また、チョムスキーがおこなった言語の3部門—音韻、統語、意味—の分類[5]を援用すれば、このうちの前2者が外側、後者が内側を示している。ヴィゴツキーによれば、種々のタイプの外言、および、内言のすべてに2側面があり、とくに、内言においては2側面の「対立的」運動が顕著である（本書123〜130ページ、原書c.322〜326参照）[6]。フンボルトの述べた「内的言語形式」

2　ヴィゴツキーは2つのことばそれぞれの根本的機能に対して「他者のためのことば〔対他的ことば〕」「自己のためのことば〔対自的ことば〕」と見事な本質的特徴づけを与えているが、これについては後述。
3　私のなかに蓄積された語義はおそらく概念の網目のようになっていようが、ここでは省略。
4　この場合の形相 фаза（英語、仏語の phase）とは「月の満ち欠け」のような形状の変化を表している。
5　チョムスキー『統辞理論の諸相』岩波文庫、2017年、59ページ。
6　この小論で引用・参照するヴィゴツキーの原書とは、Выготский, Л. С. (1934/1999),

の影響であろうか、内言といえば意味と同義のように扱われることが多いが、内言もことばの1つであり、ことばの形相・意味の2側面が認められ、それがあるからこそ意味の特徴づけが顕わになる、という点が、ヴィゴツキーの独創である。

　方言、理解できない文字、イントネーションと対立する外国語（イントネーションと音素との対立、音素と意味喚起）というやや特殊な事例を筆者自身の体験をもとに取り上げてきたが、ときには個別こそ特殊との関連で本質に光を当てることがある。それらは少なくとも、ことばは人間の外側にも内側にもあるということ、それと同時に、ことばそのものにも外側と内側があるということを、考えるための材料を提供しているのである。このように捉えてみると、会話、対話、外言、コミュニケーションを「ことばのキャッチボール」と比喩的に表現することが、間違いとは言えないとしても、どれほど事柄を単純化しているかがわかる。私の発話は内言における語義と意味との「対立」（後述）、ことばの形相・意味の「対立」という二重の「対立性」、さらには外言に移行するときの「自己のためのことば」と「他者のためのことば」との「対立性」、総じて思惟と語との「対立性」を乗り越えてなされること、相手の発話のなかにある音素の連鎖が各人に蓄積された意味を喚起しあうこと、表情・身ぶり・イントネーションは通常は意味伝搬における促進と捉えられるが、ときにはそれを妨害することもあること、などの複雑な諸要素が「キャッチボール」の比喩では、欠落してしまうのである。

　しかも、ことばをめぐるすべてのモメントは、一瞬たりとも変動することをやめない。これは、上記の複雑さをさらに増幅させている。ある意味では、ことばの変動は、ことばが「摩訶不思議な生きもの」であることの、もっともわかりやすい表現でもある。「一瞬たりとも」とは誇張であると思われるかも知れないが、たとえば、「全然」や「やばい」という、もっぱら否定の文脈で使用されていたものが、いまや否定・肯定の意味において両義的に使用される、というような意味の変動、さらには、「スマホ」の語が「スマート・フォン」

Мышление и речь, Лабиринт, M. である。

の語よりも大量に使用されている〔話しことばではたいてい「スマホ」の語を使用する〕ことが示すように、語そのものも変動している。それらの変動を辞書はあとから記述するのであるから、辞書が書きかえられたときに、ことばが変動したわけではない。若者のことばを聞いて「最近はことばが乱れている」と感じたり主帳したりする人が、辞書が書きかえられたことを知ると、そうした主張をぴたりとしなくなるのは興味深いことであるが、現に変動しつつある意味や語が、自己の変動を定着させるかどうかは、むしろ誰にもわからない。事は日本語だけでなく世界中のありとあらゆる言語において起こるのであるから、「一瞬たりとも」変動をやめない、というのは誇張ではない。ことばは使われなければ変動しないが、使用されるたびに変動または変動の準備をしているのである[7]。

7　ことばの変動はときにはきわめて大きな難問をつきつける。そのうち現実的な問題でしかも最大の問題と考えられるものは、放射性廃棄物の最終処分と言語とその時間的変化との関係という、きわめて深刻な問題が、それである。フィンランドでは、同国内の原子力発電所が産出した放射性廃棄物の最終処分が検討され、世界で初めて実行に移されつつある。過去何億年も地殻変動していない土地の地下500メートルに巨大空間（フィンランド語で「オンカロ」と呼ばれる）を構築し、放射能が漏れない装置を製作し、保管するというものである。ここまでは現代のテクノロジーで対応できるとしても、問題が人類史的未来に移されると、この対策は途端に不確実なものにさらされる。放射性廃棄物が無害化される時間の流れ—10万年—のなかで、「扉を開けてはいけない」「ここを掘ってはいけない」「この場から立ち去りたまえ」という警告をどのように伝えつづけられるのか、という問題である。今から10万年前のヨーロッパといえば、まだネアンデルタール人が生存していた。彼らがおそらく当時の視線から現代を見据え想像しえなかったように、われわれホモ・サピエンスは今から10万年先の世界を現在の延長線上のものとしてリアルに予測することは不可能であろう。

　ここ数十年のことであれば、警告は言語によってなされるのが最善であろう。たしかに、国連加盟各国のすべての国内的な公用語で記しておけば、警告は誰が読んでも意味が通じる。しかし、10万年という尺度で考えたとき、それまでのあいだ人間がどのようなことばと文字を用いているかを誰も言うことはできまい。ことばの変動の動態をあらかじめ示すことはできないからである。現在使用されている言語が役に立たないとすれば、2番目の選択肢として、より普遍的な記号であるイラストやムンクの「叫び」のような絵を掲げることはどうか。言語よりはましと思われるかも知れないが、それらは人間の「好奇心」をそそり、警告とは反対の結果を招くかもしれない。3番目の選択肢は、放射性廃棄物の最終処分場のことを皆が忘れてしまうことである。しかし、これは、放射性廃棄物の最終処分がいかに難問であるかを示す《劇場のことば》としては成立し芸術的でさえあるが、問題の解決を偶然と運命に委ねるという点では《科学のことば》ではない。

　以上の3つの選択肢は、筆者の想像の所産ではなく、デンマークの映画監督が制作したドキュメンタリー「地下深く　永遠に　〜100,000年後の安全〜」（2010年、原題 Into

事のついでに、本書の範囲を超えているが、ことばの「摩訶不思議さ」の本源に関わる点を述べておきたい。それは、言語習得論にかかわる問題であり、幼児言語を視野においたとき、きわめて明瞭になる問題である。

人は生まれて暮らす・その土地のことばを身につける。そのように、ことばとは歴史的・社会的形成物なのだから、人は社会的にことばを習得する。だが、この事実が示すものは事柄の一面にすぎない。幼児の言語は、それが事柄のすべてだということへの、反証でもある。そこから知られるのは、言語の歴史的・社会的環境、他者とのことばを介した交わりは、幼児の言語習得のきわめて重要な条件であるが、この条件からのみ幼児のことばの習得（より正確には発達）を解明しようとする試みは、不完全さを免れえない。その試みでは、どうしても説明できないことが顕わになるからだ。

たとえば、０歳児の喃語はことばではないが、喃語が表現する・意味をもたない音は世界諸言語のあらゆる音を表すほどに豊かに発達する。ところが、初語を発話する直前に母語にある音も含めて喃語の音のすべてが失われ、母語が示す音が回復されるのには数年を要する[8]。これは、どのような母語においても

Eternity）によれば、フィンランドと隣国スエーデンとの科学者たちが実際にディスカッションしたことなのである〔やや加筆しているが〕。
　そのシナリオは、http://www.asyura2.com/13/genpatu30/msg/174.html を参照されたい。
　　ことばの変動が産み出す難問を自覚するために、あえて第１の言語的選択肢による伝達を担保するものを示すとすれば、各国の国内公用語で書かれた警告文を、その言語の主要な辞書が改訂されるたびに点検し必要に応じて修正することであろう。言語は変動するのであるから、これは 10 万年間つづけられねばならぬ。それは、人知れずなされ、気が遠くなるような、だが、それだからこそ真に英雄的な、人間の営為と言うほかはない。この意味で、放射性廃棄物の最終処分とは、10 万年つづく処分の始まりにすぎないことは、言語の面から明らかである。
8　言語学者のヤーコブソンは音韻論的な鋭さをもって、「幼児言語の音法則と、その一般音韻論における位置」（1939 年）、「幼児言語、失語症および一般音法則」（1941 年）を書いている（ともに服部四郎編・監訳『失語症と言語学』岩波書店 1976 年所収）。彼は喃語について次のように述べている：喃語期の発音について、「幼児〔正しくは乳児―神谷〕は喃語期の間にある１言語あるいは１言語全体をとってみても見出し得ないような多様な調音を集積する」。ある観察者によれば、「喃語期の絶頂にある幼児〔正しくは乳児〕は『考え得るすべての音声を発し得る』」。ところが、「前言語段階〔喃語期と同じ―神谷〕から初めて語を獲得する段階、即ち真の言語段階に移行するにつれて、幼児は様々な音声を発する能力をあらかた失ってしまう。周囲で話される言語に欠けている調音が幼児の貯えの

第Ⅲ章　言葉の内と外　155

起こりうることであろう。1歳頃に発せられる初語は当初、発話するその子の主観的印象を軸にした意味の多義性をもつが（意味の般化）、数か月をかけて慣用的な意味を得るにいたる（意味の分化）[9]。もちろん、このような意味の変動は日本語だけに固有なものではない。そのように意味の分化した初語は、統語論的には、「1語文」と呼ばれている。初語は単語であるにもかかわらず文を表す、という事実は、生物進化の観点からすれば、測りしれず大きな意義をもつ。類人猿は事物の「半記号」を理解するとしても、そこから文を構成したという事例は発見されていないようである[10]。してみれば、人間の子どもは、

中から容易に消えていくことは理解に難くない。しかし喃語にも、周囲の大人の言語にも共通する音声の多くまでもが、手本の支えにもかかわらず消えて行くのは驚くべきことである」（『失語症と言語学』p.24）。また村田孝次が紹介するところによれば（『幼児の言語発達』培風社 1968 年、p.26）、失語症研究者であるゴールドシュテインも、「喃語期と談話開始期との間に比較的沈黙の時期があり、また喃語期に生じる音声パターンのほとんどすべては談話期にはひきつがれず、談話期では新たな習得がなされるということが、このような沈黙期が生じる理由だ」（Language and language disturbance, 1948）と述べている。ゴールドシュテインのこの著作の該当箇所（p.35）にはヤーコブソンの論文〔1941 年〕の叙述が肯定的に参照されている〔なおゴールドシュテインの上記著作の Bibliography, p.354 にはヤーコブソン 1941 年論文の出版年が 1914 年と誤記されている〕。

9　村田孝次はこの時期の意味の動態に関する具体的データを示している（『幼児の言語発達』p.173-177）。村田は何人かの 1 歳児の観察のうちから一人のそれを選んで紹介している。そのうち、動物に関する語を例にあげると、1 歳 3 か月以前のその子は「ウーウー、ワウワウ、ウン」によって 6 種類の動物を表していたが、1 歳 5 か月で「ワンワン」＝イヌ、1歳 6 か月で「ンマ」＝ウマ（その後、「ンマ、オンマ」を経て、1 歳 9 か月で「オンマチャン」＝ウマ）、1 歳 7 か月で「メーメー」＝ヤギ、1 歳 8 か月で「チャーチ」＝ウサギ（その後、「チャーギ」を経て、1 歳 10 か月で「ウチャギ」＝ウサギ）、1 歳 8 か月で「ニャンニャン、ヤンコ」＝ネコ（その後、「ヤンコ、ニャンコ」を経て、1 歳 11 か月で「ニャンコ」＝ネコ）、1 歳 8 か月で「モーモ、ウチ」＝ウシ（1 歳 9 か月で「ウチ」＝ウシ）が現れてくる（p.174）。

10　松沢哲郎は、実際の色、色を表す図形文字〔松沢による考案〕、漢字を対応させて、チンパンジーに「ことば」を教えようとした。実際の色を示して（たとえば散歩中に見つけたタンポポ、色のついたツミキ）図形文字や漢字を選ばせることは可能である。しかし、その逆になると（図形文字や漢字を示して並べられたツミキからその図形文字・漢字が表す実際の色を選ぶ）となるとチンパンジーは「とまどい」ながら選ぶ。松沢は、チンパンジーの「ことば」の学習は、チンパンジーは記号を見て実際の色を選ぶ、また逆に、実際の色を見て記号を選ぶ、ということはできても、この二つのモメントは「独立」的である、という仮説を得ている。このような意味で、チンパンジーが手にすることのできる記号は「半記号」〔これは神谷による造語〕であろう〔松沢哲郎『想像するちから』岩波書店、2011 年、pp.163-165〕。なお、友永雅己は、1980 年代のアメリカで大型類人猿に言語を教える研究が終焉を迎えた理由を、統語論（シンタックス）のレベルで言語が獲得されない、とした。つまり大型類人猿が文を獲得したという事実は見つかっていない、ということである。もっとも、友永らは言語の面での新たな研究戦略を構築しようとしている〔松沢哲郎編『人間

最初に発する語において、類人猿の限界と考えられているものを、すでに軽々と乗り越えていることになる。これもまた日本語だけの現象ではない[11]。2歳の時期には、文法の発達が顕著に見られる。この時期には、ロシア語では名詞の格変化が姿を現わし、シンタックス（統語）が整備されていくが、英語においてもそれに特有な語順などのシンタックスが整えられ、また、日本語では1歳中期以降に助詞が聞かれるようになる[12]。3歳代において、話しことばの体系の一応の獲得がなされるが、それ以降の幼児のことばには、例外を許容しないかのような「厳格文法主義」とでも呼びうる興味深い現象が顕わになる。大人の語使用の慣用から逸れたことば、たとえば、日本語では「ピンクい花」「緑い葉っぱ」のようなことばが聞かれるし、英語では、せっかく go の過去形である went を話していた子どもが goed という「造語」を発するようになった、という事例が報告されている[13]。さらにロシア語では、それらに類した子どものことばが数多く記録されている[14]。この時期の子どもからは、文法規則に忠実であるが故の愉快な「造語」が聞かれるのである。

　以上のような複雑さをもつ幼児の母語発達を、言語に関連した社会的条件からのみ考察し説明することはできまい。簡単にいえば、子どものことばの発達は「模倣と創造の統一」развитие речи ребенка является собою единство

とは何か』岩波書店、2010年、pp.223-224〕。

　　他方、シジュウカラは文法を操り文を理解することを野外実験を通して世界で初めて発見した鈴木俊貴らの研究は、類人猿とシンタックスの問題、さらには、シンタックス習得における種の規定性という問題に示唆を与えている。シジュウカラの文法操作にかんする発見については、http://www.kyoto-u.ac.jp/ja/research/research_results/2017/170728_1.html を参照。

11　大人でも会話の過程には単語だけの発話が見られる。それもまた1語文と言っても差し支えないが、状況の共有と主語の共通性がその基盤となっている〔本書108ページ参照〕。それに対して、初語の1語文の多くは会話での子どもの応答の外にある。

12　ロシア語における名詞の格変化の発達については、Эльконин, Д.Б.: Детская психология, Академия, 2004, с.66-67〔邦訳エリコニン『ソビエト・児童心理学』駒林邦男訳、明治図書、1964年、134 ～ 136ページ〕を参照。英語・日本語におけるシンタックス習得については村田孝次『幼児の言語発達』参照。

13　英語の事例については広瀬友紀『ちいさい言語学者の冒険』岩波科学ライブラリー、2017年、pp.45-46。残念ながらこの事例の年齢は明記されていない。

14　チュコフスキー『2歳から5歳まで』樹下節訳、理論社、1970年。なお、1996年刊行の同書普及版もある。

подражения и творчества (Чуковский, К.（2012//1970）От двух до пяти, Собрание сочинений: В 15 т. Т. 2, М., с.24) であると言い、「母語習得の途上にある幼い子ども期に、«ползук»、«вытонуть»、«притонуть»、«тормозило» などというような語を創造しなかった人は、自分の言語の完全な主人には決してなれないであろう」Тот, кто в раннем детстве на пути к усвоению родной речи не создавал таких слов, как «п о л з у к»、«в ы т о н у т ь»、«п р и т о н у т ь»、«т о р м о з и л о» и т. д., никогда не станет полным хозяином своего языка.（同上、 с .19）と言ったチュコフスキーの指摘[15] を、どのように理解すべきなのか[16]。

　その点で、ヴィゴツキーはきわめて正確に母語の初期発達をとらえている。その一つは、教授・学習の自然発生的タイプを説明する折に、1歳半から3歳までの子どものことばの発達をあげていることである。「3歳までの子どもの教授・学習の特質は、この年齢期の子どもは自分自身のプログラムに沿って学習していることである、と言うことができるであろう。このことはことばを例にとれば明瞭である。子どもが通過する諸段階の順次性、子どもがとどまる各

15　慣用にはない子どもに独特な語、模倣と創造が統一されたような語を指している。たとえば、上記の «ползук（ポルズーク）» は ползать〔ポールザッチ、這う〕と жук〔ジューク、虫〕をつなげた造語であろう。

16　エリコニンは2歳代に次々と現れる名詞の格変化〔ロシア語におけるシンタックスの柱になるもの〕とその研究を紹介したあと、次のように述べている。─Некоторые психологи и педагоги для объяснения интенсивного усвоения грамматических форм предполагали наличие у ребенка особого «чутья» языка.「一部の心理学者や教育学者は、文法形式の集中的な習得を説明するために、子どもには特別な言語『感覚』があることを前提とした」。そして、チュコフスキーらの名をあげつつ、если даже согласится с предложением о наличии особой чувствительности ребенка к явлениям языка, в частности к его звуковой форме, то ведь ее возникновение само должно быть объяснено исходя из реальных условий усвоения языка.「言語の諸現象、ことに言語の音形式への子どもの特別な感受性が存在するとの前提に同意する場合でさえ、この感受性の発生そのものは言語習得の現実的諸条件から出発して説明されねばならない」と言うのである〔Детская психология, с.69〕。しかし、この主張には少々無理がある。「言語習得の現実的諸条件」に含まれると考えられる大人の発話〔子どもの前でなされる大人同士の会話、子どもに対してなされる大人の発話〕が2歳児に対して文法形式─この場合には名詞の格変化─を特別に印象づけることがなされているのか、あるいは、なされうるのか、また、なされたとしてもそれだけで習得されるのか、と問われねばならない。しかも、なしているのは、言語学者でも心理学者でも教育学者でもない、2歳代に名詞の格変化への感受性が高まることを知らない普通の大人なのである。

時期の長さは、母親のプログラムによって規定されるのではなく、基本的には、子ども自身が周囲の環境から取り出すことによって規定されている。もちろん、子どものことばの発達は、彼が自分のまわりに豊かなことばを持っているか、あるいは、貧しいことばを持っているか、に応じて、変わってくる。しかし、ことばの教授・学習のプログラムを子どもは自分で規定している」[17]。

第2には、ヴィゴツキーは、人間発達の「地層理論」（自然的なものと文化・歴史的なものとの矛盾・衝突による成層）とでも呼ぶべき発達理論を提起しているが〔Выготский, Л. С. (1931 / 1983 // 2005), История развития высших психических функций, / Выготский, Л. С., Собрание сочинений, т. 3, М., Педагогика // 文化的—歴史的精神発達の理論、柴田義松監訳、学文社〔ヴィゴツキー、高次心理機能の発達史〕、Глава 13 Воспитание выших форм поведения〕、その例証の一つとしてことばの発達をあげている。

ヴィゴツキーはこの発達理論について、概ね、次のように述べている。

17　Выготский, Л.С: Обучение и развитие в дошкольном возрасте, в кни.:Умственное развитие детей в процессе обучения, 1935, c.21〔邦訳、「就学前期における教授・学習と発達」『「発達の最近接領域」の理論』土井捷三・神谷栄司訳、三学出版、2003 年、p.30〕。この部分には次のような編者註が付けられている。重要な点なので、ロシア語で示し、邦訳を付けておこう。—Вряд ли можно согласится с утверждением автора, что ребенок до трех лет «учится по своей собственной программе», что «программу обучения ребенок определяет сам». Ведь сам автор говорит, что речь ребенка изменяется в зависимости от того, окружает ли его бедная или богатая речь. Следовательно, объем речевых понятий, их содержание и характер не ребенок определяет, поэтому нет оснований говорить о «собственной программе ребенка» (прим. ред.).〔3 歳までの子どもは「自分自身のプログラムに沿って学習する」、「教授・学習のプログラムを子どもは自分で規定している」という著者〔ヴィゴツキー—神谷〕の主張にはとても同意しがたい。実際、著者自身が述べているように、子どものことばは、彼を取り巻いているのが貧しいことばか、それとも、豊かなことばか、に応じて、変わってくる。したがって、ことばによる概念の量、その内容・性格は子どもが規定しているのではない。それ故に、「子ども自身のプログラム」について語る根拠はないのである（編者註）。たしかに、「ことばによる概念の量、その内容・性格」について言えば、周囲の言語環境に負うところが大きいし、それが規定的であろう。ところが、ことばの教授・学習の問題をシンタックスなどの文法の習得、形容詞と名詞、動詞と名詞の慣用ならざる独特な結合による新しい語の創造に焦点づけるなら、とても編者註の観点からは問題を解明することはできない。むしろ、ヴィゴツキーが言う「子ども自身が周囲の環境から取り出す」という観点、言い換えれば、子どもの「自分自身のプログラム」という観点によってこそ、文法が関与する問題をクリアに解決できるのである。編者註の観点はヴィゴツキーの理解を狭めている。

「子どもが文化のなかに根づく過程」процессы врастания ребенка в культуру(同上、c.291) は、習熟の習得や知識の獲得と見なされやすいが、発達の概念を許される極限にまで拡大して、この過程を発達と捉えるべきである。

こうした文化的行動の発達の歴史は、生物学的事実と対照してみると、規則的に移行し変化する胎児の発達とは縁遠く、むしろ、「動物の新しい種が発生し」「生存闘争の過程で古い種が淘汰され」「生きたオルガニズムの自然への適応が破局的に進行する」как постепенно возникали новые виды животных, как гибли в процессе борьбы за существование старые виды, как катастрофически шло приспособление к природе живых организмов(同上、c.292) という、生物の進化に似ている。したがって、子どもの文化的発達のなかに「革命的変化、前進運動、空白、ジグザグ、紛争」революционные изменения, движение (c.291) назад, пробелы, зигзаги и конфликты(c.292) を見なければならない。

以上のようなマクロに見た発達を、より具体的にミクロな見方から捉えると、発達は「自然的なものと歴史的なものとの、原始的なものと文化的なものとの、有機的なものと社会的なものとの、矛盾あるいは衝突」противоречие или столкновение природного и исторического, примитивного и культурного, органического и социального (同上、c.292) と規定され、さらに、全面的ではないにせよ、文化的人間の現在の行動を地表とするような「地質学的」成層 «геологическое» напластование を構成している——私たちの脳がそのような成層を構成しているように（同上、c.292)。

ヴィゴツキーがこの発達理論の例証としてここであげているものは、「自然的なものと社会－歴史的なものの衝突 столкновение природного и общественно-исторического.(同上、c.292)」としての子どもの「初語」、「子どもが思考する様式と子どもの発話」とのあいだにある「深い弁証法的矛盾」、「思考の基本的な高次形式」に対する「思考の自然的形式」の闘争と適応、「原始的算数から文化的算数への移行」であるが（同上、c.292-293)、それらにとどまらず、彼は、そのような矛盾・衝突・転化は「本研究の他のすべての領域」において一歩毎に観察することができた、としている（同上、c.293)。この理

論において子どものことばはいっそう精密に理解することが可能になるのである[18]。

Ⅱ　内言の研究への道

　ここからは本書収録のポランとヴィゴツキーの論文の解説をおこなおう。

　人間の内側にあることば、内言（内的言語、внутренняя речь、langage intérieur, inner speech）は掌握しにくいことばである。

　私たちの感覚が届く範囲には、きわめて部分的な内言の現れしか存在しない。たとえば、昨夜食した夕飯を黙って想起してみるとき、その品々の絵が浮かぶと同時に、ことばが動いていると感じられる。また、ヤクビンスキーが言うように、報告に聞き入っているとき、自分の賛同・否定・修正などを無言で応答するときにも内言が感じられる[19]。これらの現れは、ごく部分的であるとはいえ、内言の存在を否定しがたいものとしている。

　そのような内言を、ヴィゴツキーはいかに研究しようとしたのか。

　まずヴィゴツキーが直面したのは、現象の何をもって内言とするのか、という内言の本性に関わる問題であり、その理論状況は錯綜していることであった。その状況は、第1に、内言を「言語的記憶」と見なす規定にあったが、この規定は内言の一つのモメントとしては首肯けるとしても、そのモメントを内言の本性とする点には問題点がある。内言はけっして記憶にのみ関与するのではないからである。そうした傾向は、以下の他の規定にも見られるものであろう。

18　自然的なものと文化－歴史的なものとの矛盾・衝突を内に含んだ、人間発達の〔より精密には心理システムの発達の〕地層理論は、ヴィゴツキー理論のもっとも包括的な特徴づけであろう。それは、哲学的には、思考・延長のデカルト的2実体論を批判するスピノザ〔「国家の中の国家」批判、『エチカ』第3部序言〕を発展させた理論であり、生物進化と人間発達を統一的に理解することを可能にしている。また、低次機能と高次機能との相互関係について、脳の機能との照応性を確保している理論である。そして、これらを通して、ノーマルな人間発達と障害や精神疾患をともなう人間発達とを統一的に理解することを可能にする理論である。

19　Якубинский, Л.П.: О диалогической речи, 1923, Глава Ⅳ, § 26.〔ヤクビンスキー、対話のことばについて〕

第Ⅲ章　言葉の内と外　161

　第2には、内言を「普通の言語的行為の短縮」と規定するものであるが、内言の現象の一つとしては肯定できるが、明らかに本性そのものではなく、研究者各人が自己の一般心理学的観点から内言を切り取ったような規定であり、理論的にもっとも錯綜した部分である。具体的には、「発音されない・音のない・沈黙の・ことば」つまり「ことば・マイナス・音」（ミューラー）、内言は外言と同じものであるが、その違いは、内言が不徹底な外言である、という点（ワトソン）、内言は「運動部分に現れない言語反射」（ベフテレフ）、「その道程の3分の2で遮断された反射」（セチェノフ）などの諸規定である。総じて言えば、この場合の「短縮」とは、音が省略されたために、ことばが短縮されているのだが、それによって外言とは異なる内言の本性とは何かという本質的問題の考察が回避されている、ということであろう。第3は、ヴィゴツキーが内言に関する〔当時の〕「現代的状況」を示していると考えたゴールドシュテインの規定である。すなわち、それは、「発話の運動的行為に先行するすべてのもの、概してことばの内的側面の全体」という規定であり、そこには、「内的言語形式」（フンボルト）や動機（ヴント）という意味と、「特殊な・ことばの心的体験」という意味とが込められている。ヴィゴツキーによれば、この規定は、首尾一貫して徹底されるなら、もはや「ことば」に関するものではなく、「思考活動・感情的‐意志的活動」に関するものなのである（本書81ページ、原書c.293-294）。

　ヴィゴツキーは上記のような理論状況のなかで、内言の特殊性や固有性を根本的に規定しうるものを探求しようとした。すなわち、①ゴールドシュテインが内言を心理過程と捉えたのとは違って、内言は「ことば」であるということ、②とはいえ、内言は外言から音を差し引いたものとか、内言は最後まで遂行されなかった外言というような外言と内言とのことばの本性に対する同一視ではなく、むしろ、内言を外言との対立性において捉えるべきこと、という観点から、問題を取り扱った。その探求において、ヴィゴツキーは、何か一つの理論に依拠したというよりは、言語学（フンボルト、ヤクビンスキー）、ことばの心理学（ピアジェ）、哲学（ヘーゲル）などの諸成果を総合するかのように、それらの交

点を探りあて、内言の本性、そのもっとも根底的な機能を見出した。すなわち、他者に向けられたことば（外言、対他的ことば）とは区別される自己に向けられたことば（対自的ことば）としての内言である。外言と内言とにおける、音声の有無、思惟と語の関係の相違（運動と逆運動）、その他の構造的諸要素の特殊性は、すべて、この根底的な機能の異質性から生じている（本書82ページ、原書 c.295）。

ヴィゴツキーは、さらに、①上記の機能的観点にもとづきつつ、②構造的観点、③発生的観点から、内言を捉えようとした。

まず発生的観点からの究明である。この点で、ヴィゴツキーはピアジェの自己中心的言語（独り言など）の研究を一面では評価しつつ、それよりも遥か先にまで進んだ。それは、自己中心的言語と内言の機能的類似性（自己のためのことば）への着目であり、ピアジェが見逃した事柄であった。ここでは、ことばの根本的機能の観点、他者に向けたことばか、自己に向けたことばか、という観点が、功を奏している。自己中心的言語と内言との関係を発生的観点から具体的に言えば、「自己中心的言語は内言の初期形式である」（本書84ページ、原書 c.296）ということであり、その初期形式は自己に向かうという機能をもちつつも音を有するということから、つまり、音韻的にきわめて不安定であるとはいえ外から聞くことができるということから、「自己中心的言語は、この場合、内言の研究への鍵」（本書84ページ、原書 c.296）となる。

ここでヴィゴツキーが設計した内言の発生的研究とは、内言の発生の本性を究明するために、自己中心的言語（独り言など）はどのように発生・消滅するのか、を明らかにすることであった。その際、ピアジェのスケールを用いて自己中心的言語係数（ピアジェによる命名は自己中心性係数）を測定し、ピアジェの考え（たとえば「理解の幻想」など）を用いながら、実験的状況に子どもを置いて、その係数の増減を測るという形で、いわばピアジェによってピアジェの仮説に反駁する、という実験が組まれた。ピアジェの基本的な仮説によれば、子どもの思惟の自己中心性は「子どもの思考の原初的自閉性とそうした思考の段階的な社会化とのあいだの妥協」であり、そのような思惟の自己中心性が直

第Ⅲ章　言葉の内と外　163

接に表現されたものが「子どもの自己中心的言語」である、ということにあった（本書85 ～ 86 ページ、原書 c.297）。

　独り言（自己中心的言語）を事実的に考察しようとしたのは、ピアジェの功績であった。子どもの自発的な発話のうちで自己中心的言語のしめる割合は、3 歳児と比べて、7 歳に近づくと、ほぼ半減し、しかも 6 歳児における減少が顕著である〔3 歳児：0.51、4 歳児：0.48、5 歳児：0.46、6 歳児：0.28〕、というのが、その中心的な事実である（Piaget, J., Le langage et la pensée chez l'enfant 1923/1948, chapitre II, pp.59-60）。ピアジェの上記の仮説によれば、子どもの社会性・社会的言語の増大の故に自己中心性・自己中心的言語が減少する、ということになる。ヴィゴツキーはこの点に対して実験的解剖を施そうとしたのである。

　ヴィゴツキーにとって、自己中心的言語の研究のなかでもっとも決定的なモメントであったのは、集団的独り言（le monologue collectif, коллективный монолог）であろう。「集団的独り言」について、ピアジェは「この形式は、子どものことばの自己中心的変種のうちでもっとも社会的なもの」と性格づけている。ヴィゴツキーはここに着目した。なお、6 歳児の事例を見ると、集団的独り言は、量的にも、3 種類の自己中心的言語（反復、独り言、集団的独り言）のうちでもっとも多いのである（Piaget, J.: Le langage et la pensée chez l'enfant, chapitre 1 - I - § 5, 1 - II, p.24、p.38）。

　ヴィゴツキーが行ったことは、ピアジェと同様の観察のなかに、「自己中心的言語の三つの特殊性（発声、集団的独り言、理解の幻想）」を強めたり弱めたりするという実験的モメントを導入することであった（本書96 ページ、原書 c.305）。その具体的実験状況は本書97 ～ 100 ページを参照されたい。ヴィゴツキーの実験の核心は、子ども集団のなかに被験児をおきながら種々の形で集団との社会的な結びつきを切断することにあった。ピアジェの仮説によれば、状況の社会化が弱まれば、子どもの自己中心的言語は増大することになるはずであるが、結果は、その逆で、自己中心的言語の減少が見られたのである。ピアジェは、子どもの自己中心性・自己中心的言語は、彼の社会性・社会的言語

の増大のもとで、減少し消滅していくと考えたが、ヴィゴツキーは正反対の発生的結論を導き出した。――「子どもの自己中心的言語はすでに機能的な面と構造的な面で〔社会的言語から〕分離してきた独特な形式のことばであるが、この言語は、しかし、その現れに関してはまだ、この言語がその内部で絶えず発達し成熟してきた・社会的言語から、最終的には切り離されていない」（本書 100 ページ、原書 c.307-308）。つまり、社会的言語の増大による自己中心的言語の消滅と結論づけるピアジェに対して、ヴィゴツキーは、社会的言語は自己中心的言語の母胎である、と考えるのである。

　自己中心的言語の未来についても、ヴィゴツキーはピアジェとは正反対の結論を導き出している。自己中心的言語の衰退と消滅と特徴づけるピアジェに対して、ヴィゴツキーは、この言語の未来はむしろ増大と成長である（ただし形を変えて、内言への成長）と考えている。その根拠は、基本的には、自己中心的言語も内言も自己に対する言語という機能的類似性にあるのだが、ヴィゴツキーはこの点でもピアジェと同様の観察に実験的モメントを導入して事実的に明らかにしようとしている。

　子どもたちが自由に遊んでいるときの独り言を観察するとき、ヴィゴツキーはそこに、解決すべき課題という実験的モメントを導入した。たとえば、子どもが自由に描画しているときに、途中で、使っている色鉛筆の一部を子どもから遠ざける、というモメントである。そのような状況に直面すると、子どもの独り言はほぼ 2 倍に増加した。そうした独り言は次のように記録されている――「『鉛筆はどこなの。今度は青鉛筆がいる。ないなら、その代わりに赤で描いて、水をたらすよ。黒ずんで青になるから』。これらすべては、自分自身との議論である」（ヴィゴツキー『思考と言語』第 2 章・第 4 節、原書 c.44、邦訳〔1934/2001〕p.58）。もし、この子に内言というものがあるならば、それを外に表現すれば、以上の記録のようになるであろう。独り言は無意識のうちになされる・自己との対話であり、この場合は明らかに知的機能を果たしている。

　こうして、発生的観点から、ヴィゴツキーが究明したことを図式化するなら、社会的言語―自己中心的言語―内言という発生的路線となる。ピアジェ自身の

観察に実験的モメントを導入することによって、ピアジェの仮説をひっくり返して発生的に得られた、ヴィゴツキーの内言理論について、後日ピアジェは賛意を表明している[20]のであるから、上記のような発生的観点から捉えられた内言理論は、今のところ、広い意味でのエヴィデンスを持った、実験的に証明された理論と見なしてよいであろう。

Ⅲ　内言の構造と意味論

　ヴィゴツキーの内言にかんする探究は、ここから、さらに先に進もうとする。構造的観点から内言の本性を明らかにすることが残っている。ところが、まさしくこの点に、研究方法上の「跳躍」が求められるのである。内言の構造的本性の扉の前では、実証科学としての言語学と心理学は沈黙せざるをえないからである。

　20世紀に入って、言語学は文献学的な枠組みを脱して音を主たる対象とする方法を確立し、それによって飛躍的な前進を遂げた（田中克彦『言語学とは何か』岩波新書、1993年）。それ故、文字にせよ音にせよ、それらを研究方法の基礎におく言語学が、文字どころか音さえもない唯一の言語の、つまり、内言の、扉の前で立ち止まることは、よく理解できる事柄である。他方、実証科学としての心理学は、内言のなかに半ば入りつつも、その全体を明らかにする

20　Piaget, J. (1962 / 1997), Commentaire sur les remarques critiques de Vygotski concernant Le langage et la pensée chez l'enfant et Le jugement et le raisonnement chez l'enfant / Vygotski, L., Pansée et langage, Traduction de Françoise Sève, suivi de Commentaire sur remarques critiques de Vygotski de Jean Piaget, 3 édition, La Dispute, Paris, pp.501-16. そのなかで、ピアジェは書いている――「まず、ヴィゴツキーはそこに〔自己中心的言語の減少に〕真の問題があるのであって、統計上の問題だけにあるのではない、と理解した。第2に、彼は尺度の取り方によって諸事実を消滅させるのではなく、諸事実を再発見した。すなわち、活動に困難性がある場合に小さな子どもたちのあいだで自己中心的言語が頻出することや、言語のこの形態は減少しているのに、この減少は内的言語になるということへの観察は、きわめて興味深い。第3に、彼は、自己中心的言語はより発達した主体の内的言語の出発点をなすという新しい仮説を提起したが、その際に、内的言語は論理性とともに、自閉性の終焉に役立ちうるものであることが詳しく説明されている。そして、この仮説について私は彼と完全に一致していると思われる」（同上, p.508）。

ことはできないでいる。ヴィゴツキーはと言えば、彼は内言を発生・機能・構造の 3 つの観点から掌握しようとする。ヴィゴツキーが述べるように、心理学は子ども・人間の内的心理過程を、実験等によって、外に発現させて、外的要素や形態をもとに探究していく（本書 84 ページ、原書 c.296）。その意味で、自己中心的言語の研究は、内言との関連で発生的に位置づけられたことによって、内言の「自然的実験」（本書 84 ページ、原書 c.296）となった。ここから、上述したように、思考などの心理機能、行為の自己調整機能と内言とが深い関わりを持つことを引き出すことができるであろう。さらに内言の構造の形相的側面についても、自己中心的言語に観察される、語の短縮や省略、電報の文体への移行、述語を保存する方向での句・文の短縮、独特な語結合が、事実の一部を提供している。しかし、精密なエヴィデンスに基礎をおこうとする心理学はここで立ち止まるのである。

　そこから先にある問題は、内言の構造、わけても、このことばの意味的側面をどのようにとらえるのか、さらには、内言の形相的側面と意味的側面の関係をどう見るのか、にある。いわば「ことばの内と外」の本丸である。極めてパラドキシカルなことであるが、ここでヴィゴツキーは、先に進むために、方法的には意識的に後方に退き、エヴィデンスを踏み台にして「跳躍」する。

　その「跳躍」のための研究方法は、大まかに言えば、ことばの諸形式の比較による内言の特殊性の推察である。それは証明とは言えないところが自己中心的言語の研究からの一歩後退であるのだが、その後退によって、かえって、実証科学的には解明できない未踏の内言理論に跳躍的に辿りついているのである。その比較には次のような方法的特徴がある。

　①自己中心的言語の観察と実験によって得られたことばの諸事実とその解釈
　すでに述べたように、自己中心的言語は内言研究の鍵であった。機能的に見れば（自己に向けられたことばという点から見れば）、内言という内的過程が外側に現れたものが自己中心的言語であるので、これにより観察と実験が可能となった。

第Ⅲ章　言葉の内と外　167

　ヴィゴツキーは、自己中心的言語に観察されるその形相的側面の諸事実 ——
——「語の短縮や省略」「電報の文体への移行」への単純な傾向、述語を保存す
る方向での「句・文の短縮」（本書104ページ、原書 c.310）、独特な語結合（「語
の非統語論的粘着への傾向」）（本書128ページ、原書 c.325）が、内言におい
ても保存される、と推論している。そのうえで、これらの自己中心的言語のも
つ諸事実は、内言への成長にともなって、その短縮や省略の傾向がいっそう激
しくなり極限化されると解釈されている。たとえば、述語を保存する方向での
「句・文の短縮」は「純粋な絶対的述語主義」となり、それが「内言の基本的
な統語論的形式」となる（本書104ページ、原書 c.310）。

　②ことばの機能的多様性にもとづくことばの比較
　ヴィゴツキーは、フンボルトとポテブニャが特徴づけた詩と散文との区別
とその言語的意義、すなわち、「その機能的役目に関して異なる・ことばの諸
形式は、それぞれが自己の独特な語彙論・文法・統語論を持っている」（本書
111ページ、原書 c.314）を踏まえつつ、それを詩と散文に限らず、機能的多
様性の概念（ヤクビンスキー）をもって拡張し、その区別の根本を他者に向け
られたことばと自己に向けられたことばとに置いた。その場合、外言と内言と
の区別を中心にし、書きことば、話しことば、内言（自己中心的言語を含む）
の比較に進んだ。機能の違いが構造の違いを導き出す、という観点からの比較
である。たとえば、見えない他者に向けられた詳細なことば（書きことば）、
眼の前にいる他者に向けられた省略・短縮と一部述語主義の可能なことば（話
しことば）から、自己に向けられた極度の省略・短縮と絶対的述語主義のこと
ば（内言）の推論ある。

　③対話形式と独話形式のことばの比較
　この比較の観点からすれば、ことばは、前者に属するものとしては話しこと
ば、後者に属するものとしては書きことば・内言という具合に区別される。
　ヴィゴツキーはヤクビンスキーに依りながら、対話形式は単純な意志的行為
の次元にあり、独話形式は複雑な意志的行為の次元に、つまり「考え直し・諸
動機の闘争・選択など」を伴う行為の次元に属しているとする（本書116ペー

ジ、原書 c.316)。

ことばそのものの完全性から言えば、応答や反応の連鎖によって成り立つ対話では、すべてを言い尽くす必要のない（必要なすべての語を動員するには及ばない）、即座の発話、手当たり次第の発話を含んでいる（本書116ページ、原書 c.317)。

独話（動員すべきすべての語を必要とする）は、最初から「意識性と意図性と」に結びつき、注意はことばの事実に集中され、ことばの諸関係を機縁にして意識のなかに現れる「心的体験の規定者・源泉」である（本書116ページ、原書 c.317)。同じ独話形式に属することから、内言を「清書」に対する「下書き」と擬えることは理にかなっている。下書きのない場合にも、「まず自己のなかで語り、それから書いている」（もっともこれは書きことばに限られないが）。いわば、「思考における草稿」である（本書117ページ、原書 c.317)。

こうして、③の辺りから、内言の意味論とのかかわりが生じてくるが、自己中心的言語に戻るなら、その場合に、ことばの意味の「理解しにくさ」（本書88ページ、原書 c.299）が内言の意味論に関連する自己中心的言語の事実であろう。それ故に、上記のような比較では用をなさない。「理解しやすさ」―「理解しにくさ」―「絶対的な理解しにくさ」という特徴づけをしても何も解明したことにはならないからである。ここでは、ポランの述べたパロル（parole, устная речь, 話しことば）における語の意味論が、内言の意味論の解明に決定的な役割をはたしたのであった（後述）。

同時に、筆者には、内言の構造の考察、したがって形相的側面と意味的側面との関係の考察に大きく示唆を与えたのはドストエフスキーであった、と思われる。ドストエフスキーが『作家の日記』のなかで酔っ払った6名の職工の散歩中の会話といった有名な事例（1語がアクセントによって多様な文となるという事例）の直前に書いた、「酩酊言語論」とでも呼ぶべき「理論」がそれである。この言語は「きわめて便利で独創的な言語であり、酔っ払った状態に、あるいは、酩酊した状態にさえ適合する言語」であるが、下品な一語でできているものの、「全き言語」である。この言語は、一方では、「口のなかで舌が遅々として回ら

第Ⅲ章　言葉の内と外　169

ない〔呂律が回らない〕」が、他方では、「酔っ払いには思惟と感覚とがほとんど 10 倍になって流入してくる」のである。「そうした相対立する 2 つの状態を満たすことができるような言語を探し出すことが、当然、求められる」。それが下品な一語なのである。このようなドストエフスキーの「酩酊言語論」には、形相・意味の対立と統一を唱えるヴィゴツキーの言語構造論と、したがって内言の構造とも相通じるものがある（『作家の日記』、1873 年－ 13「小景」－ 2、川端香男里訳、新潮社版ドストエフスキー全集 17 巻）。

　「ドストエフスキーが述べるように、すべての思惟、感覚、実に深遠な考察さえ、一つの語で表現することができる」（本書 114 ページ、原書 c.316）とヴィゴツキーが書いたのは、この部分を念頭においてのことであろう。

　言語には様々なアスペクトがある。語彙、音韻、統語、文法、意味などであり、その各々が学問分科を構成している。ヴィゴツキーは、おそらくフンボルトが唱えたことばの外的形式・内的形式の区分を引き継いだのであろうが、様々なアスペクトを二つの側面にまとめている。それは、形相的 фазический 側面と意味的 смысловой 側面との二つである。ここで使われる形相 фаза は、英語・仏語では phase であり、いずれも、「月の相」（月の満ち欠け）という意味がある。形相的側面とはそれに近い。つまり、語彙、音韻、統語、文法などの変化が直接的に感知できる側面である。ヴィゴツキーはことばや語を考察するときには、たえず、これら形相と意味の二側面を切り離さずに問題を捉えている。それは、子どもの自律言語、外言（話しことばと書きことば）、自己中心的言語（独り言など）、内言のいずれにおいても貫かれている。なぜなら、彼はことばや語はそうした二側面の統一体であると考えるからである。

　ことばも語もそのような二側面の統一体であるとはいえ、それは「複雑な統一体」であって、けっして「均質」でも「一様」でもない。ヴィゴツキーが述べるように、「ことばの内的・意味的・意味論的な側面と外的・音声的・形相的な側面とは、真の統一体を形成しているとはいえ、それぞれが自己の独特な運動法則を持っている」（本書 67 ページ、原書 c.285）。それら二側面は照応的・

整合的に運動しあうというよりは、むしろ、対立的に運動する。これが、問題を深く捉えようとするヴィゴツキーの独創的な観点である。

ヴィゴツキーはそのような対立的運動を表す事例をいくつも挙げている。ここでは、そのうちの一つの事例の考察を紹介しておこう。

それは、子どもが獲得する最初の有意味語（1語文）から始まることばの二側面の発達についてである。その発達は正反対の方向に進む。ことばの外的・形相的側面は、単語→2～3の語の結合→フレーズ→文→より複雑な文というように、部分から全体へと発達する。他方、ことばの内的・意味的側面は、全体から、つまり文（1語文）から始まり、後になって部分的な意味的単位、個々の語義の獲得に移行するというように、全体から部分へと発達する。だが、この二側面の反対方向へのそれぞれの運動はけっして自律的・独立的な運動ではない。ヴィゴツキーの言うところでは、「子どもの思惟が、分化して、個々の部分からなる構成に移行するのに応じて、子どもは、ことばにおいて、部分から分化を含む全体へと、移行する。その逆に、子どもがことばにおいて部分から文という分化した全体へと移行するのに応じて、子どもは思惟において、未分化な全体から諸部分に移行することができる」（本書69ページ、原書 c.286）。このように二側面は相互に支えあいながら反対方向に発達するのであり、その意味で両者にあるのは「調和よりもむしろ矛盾」である（同上）。ついでに言えば、このような複雑なことばの動きについて連合理論には説明不能であることは、明らかであろう。

内言の二側面についても若干触れておこう。ヴィゴツキーは機能の観点から外言と内言とを根本的に区別している。他者との交通のために用いられる他者のためのことばである外言に対して、内言は自己のためのことばである（「内言は自己のためのことばである。外言は他者のためのことばである」本書82ページ、原書 c.295）。すでに述べたように、ヴィゴツキーは、自己中心的言語の具体的研究とことばの諸形式の比較による推案を通して、内言の形相的側面は、主語を省略した絶対的述語主義であり、ことば・語の極度の凝縮性である。つまり、「内言は、正確な意味では、ほとんど語のないことばである」（本

書123ページ、原書c.322）と述べるのである。言いかえれば、音声を失い、主語を失い、統語論をも失い、単語であることさえ必要でない、語のかけらにすぎないことこそ、内言の形相的側面に関する規定である。ここで重要となるのは、このような独特な形相的側面を持つ内言においては、当然ながら意味的側面も独特となり、二側面の相互関係が外言にはない独自性を帯びることである。この相互関係について、ヴィゴツキーはひとまずの規定を与えている――「ことばの形相的側面、統語論、音声論は、最小限にまで低下し、最大限に簡略化され、凝縮される。前面に押し出されるのは、語義である。内言が主として操作するのは、ことばの音声論ではなく、意味論である。そうした語義の・語の音声的側面からの・相対的独立性は、内言のなかに、著しくくっきりと滲みでてくる」（本書123～124ページ、原書c.322）。だが、そうした独自性を具体的に把握するためには、意味論そのものと内言の意味論を深める必要がある。ここにポランへの参照が始まるのである。

Ⅳ　ポランの「語の意味」論とヴィゴツキー

　以上のように内言の意味論の解明を課題にしたヴィゴツキーは、内言の意味論の三つの特質を指摘する。その第1の特質は、ポランの所説から導き出される、内言における「語の意味の語義に対する優越性」（本書124ページ、原書c.322）である。ヴィゴツキーはポランのアイディアを考察するにあたり、ポランがなしえたことばの心理学的分析への功績を柱にして、そのアイディアをまとめている。

　ポランの功績の一つは、ことばの考察に語義と意味とのあいだの差異を導入したことであった。ここでは、ポラン自身が書いたことを整理しておこう。

　まず、語の意味の全体的、形式的規定は、「語の意味とは、もっとも広い語意では、その語がある精神のなかに呼び起こし、その精神の反応が拒絶せずに受け入れて組織する、心理学的諸事実の全総体である」（本書2ページ、原書

172

p.289）[21] という命題が該当する。それとともに、この意味の全体は、「いくつもの部分を内包」し、その諸部分があいまいで可動的で決して飛び越えられないわけではない境界を持つ「同心円」（本書8ページ、原書 p.294）から成り立っている。「同心円」という特徴づけは、語の意味のうちで中心核となるもの（語義）を基礎に、それを潜在能力として、意味が「語の放射」（本書29ページ、原書 p.312）という形で広がっていくことを表している。

　その諸部分とは「安定性の異なる」（本書4ページ、原書 p.291）諸領域のことであるが、ポランがあげている事例を読んでみると、少なくとも、全体としての語の意味は3種類の領域を含んでいる。領域を意識して書かれている事例のうちで代表的なものは、「三角形 triangle」の意味と「ナポレオン」という人名から汲み取られる意味とである。

　「三角形」の意味は、3つの線に囲まれた図形という定義的意味を子どもはまず覚える。その線は曲線ではいけないことを知ることで、定義的意味は範囲を狭めてより正確になる。また、数学を学ぶようになると3角関数を知って、定義的意味を豊かにする。これらが意味のもっとも安定した領域、つまり、語義である。だが、これを中心核にして、そのまわりに、語の意味は「様々な傾向と種々の観念のグループ」を作っている（本書29ページ、原書 p.311）。実際に仏和辞典や英和辞典で triangle の語を調べれば明らかなように、「3人組」「（楽器の）トライアングル」「三叉路」「（恋愛の）三角関係」「（船の）三角旗」などが書かれており、筆者はこれをグループ的・文脈的意味と呼んでおきたい。三角形ではないが、この領域には様々な種類の方言（地域方言、社会階級方言など）も含まれると考えてよいであろう。

　「ナポレオン」の意味は、もちろん、生年月日とか出身地や経歴などの定義的意味（語義）は安定的なものであるが、それとともに、「各人は自分の尺度に基づいてあるナポレオンを作り出し、またその社会集団や知識集団の尺度に基づいて、より抽象的なあるナポレオンを作り出す」（本書10ページ、原

21　ポランの場合の原書は、Paulhan, Fr. (1928) Qu'est-ce que le sens des mots. Journal de Psychologie, v. 15. である。

書 p.296）と述べて、ポランは「自分の尺度」（個人的意味あるいは個人的・文脈的意味と呼んでおこう）、「社会集団や知識集団の尺度」（上述のグループ的・文脈的意味）に着目しつつ、意味の相違を考察しようとしている。ナポレオンは「ある人たちには野心家を指し、他の人たちには、軍事的天才、あるいは偉大な組織者、あるいは『精力的な教授』、あるいは指導者つまり人々を訓練し従わせる人を指す。前者の人々がナポレオンが偉大な将軍であったことを知らないというわけではないし、後者の人々がナポレオンの野望を否定しようとしているわけでもない。彼らの注意は一つの特徴またはひとまとまりの属性に、より直接的に引き寄せられているということなのである。他の特徴や属性は、意識の薄暗がりのなかに遠ざけられている」（本書 14 ページ、原書 p.299）。これは、意味の変動が惹き起こす直接的な動因が個人的尺度や社会集団・知識集団の尺度にあることを示唆している。

　こうして、私たちは語の意味のなかに、対極的な 2 つのモメント、2 つの極点を見出す。すなわち、安定性と変動性、同一性と多様性、形式的抽象性と内容的具体性〔ポラン：もっとも具体的な語義でも、それは「たえず抽象的で一般的なままである。語・文・章あるいは書物の集積や組み合わせによる以外は、具体的に近づけないし、また、決して完全に具体に達しない」（本書 8 ページ、原書 p.294）。〕、知と情〔ポラン：情動の次元の事実は「厳密な語義のなかには入り込めない」（本書 18 ページ、原書 p.303）。〕である。

　語の意味の変動とは、このような諸項の「対立性」（それらは「語の放射」によって統一されているが）を基盤にして生じるものであるが、ポランはもう少し具体的に問題を提起している。—「その第 3 の領域から、なにがしかの要素は時々第 2 の領域へと移行することができ、さらに第 1 の領域までも移行することができる。他の要素が、第 1 の領域から出ていき、そこから遠ざかり、衰弱し、ついには消滅するのと同じように」（本書 24 ページ、原書 p.307）。

　ここで言う「第 3 の領域」は個人的・文脈的意味の領域であり、「第 2 の領域」はグループ的・文脈的意味の領域であり、「第 1 の領域」は語義を示している。ヴィゴツキーの述べる「語義に対する意味の優越性」とは、意味の諸要素が他

領域に移行していくこと、その際に個人的尺度にもとづく個人的・文脈的意味が意味の変動に大きく与っていることを示唆していると思われる。

以上のようなポランの所説を踏まえながら、ヴィゴツキーは、語の意味構造を「力動性」の相において、つまりは「文脈」において捉えている。語は文脈が異なればその意味を変化させるが、語義は「不動・不変の一点」のように相対的に安定しているように見える。意味が文脈に応じて変化することこそ、ことばの意味論的分析の基本的要因となり、実は、この意味の変化が語義さえも変化させる、と考えている。(「現実の語義は、非恒常的である」。「ある操作のなかで語はある語義をもって登場するが、他の操作になると、語は他の語義を獲得する」本書124ページ、原書 c.323)。その面では、語義は「生きたことばのなかに実現されていく・潜勢力 потенция 以上のものではない」(本書125ページ) ことになる。

ところで、語義の変化とはどのようなことか。ヴィゴツキーは、クルィロフの寓話の事例をあげたあとで、「意味による語の豊富化」こそ「語義の力動の法則性」(同上) であると述べる。これを具体的に、語は、それが編み込まれるあらゆる文脈から、知的・感情的内容を摂取・吸収し、文脈の外側で語義に含まれるものよりも大きく、そして小さく、意味しはじめることだ、と言う。「大きく」とはその語が多文脈で使われればそれだけ語義が深化し多様化することであり、他方、「小さく」とは、ヴィゴツキーは「語がある文脈においてだけ指し示すものによって、語の抽象的語義が限定され圧縮されるからである」(同上) とやや漠然と述べている。

いま一つのポランの功績は、語と語義の関係に比べて、語に対する意味の関係ははるかに独立的である、と示したことである。つまり、「語が意味なしに存在しうるならば、意味は同じように語なしに存在することもできる」(本書126ページ、原書 c.324) のである。前者は語の慣用的使用において存在し(ヴィゴツキーも触れているが、ポランの引用した事例、患者との会話である、« Comment allez-vous ? »—« Très bien » を想起されたい)、後者はポランが、その人のことはよく知っているのに、その名前を一時的に忘却することがある、

第Ⅲ章　言葉の内と外　175

という事例や、黙読時の雑念の事例に該当しているであろう。それと同時に、語から解離した意味は他の語のなかに入り込み定着することもある。これは、語そのものの変動の一つの現れ方であろう。

　以上のような、パロルを念頭においたポランの意味論の功績を、ヴィゴツキーは内言の意味論へと移し替えようとする。すなわち、パロルは通例、意味のもっとも安定し恒常的な領域である語義から、より流動的な領域、語の全体としての意味へと進んでいく。内言においては、逆に、パロルにおいて弱々しく現れている「意味の語義に対する優越性」が極限まで進み、絶対的形式において表される。内言においては、「意味の語義に対する・文の語に対する・文脈全体の文に対する・優越性は、例外ではなくて恒常的な規則なのである」（本書 127 ページ、原書 c.324）。

　こうして、「語の意味の語義に対する優越性」とは、意味が全体で意義が部分であるという量的な意味ではなく、語義さえも変更する語の変動を推進するものは意味にあることである。「ポランが言うには、語の意味は、ある程度は個の意識に照応して・同一の意識にとっては状況に応じて、絶えず変動していく、複雑で可動的な現象である」（本書 125 ページ、原書 c.323）──とヴィゴツキーが指摘するように、意味の優越とは、ポラン流に言えば、語の個人的意味の要素が、グループ的・文脈的意味、さらには語義に移行していくことに類似している。そして、ヴィゴツキーはポランの所説を全体として肯定しながら、パロルの意味論を内言の意味論に深化させ、「意味の語義に対する優越」が極限にまで進んだものを内言の意味論の第 1 の、おそらくは最重要な特質としたのである。ヴィゴツキーが取り出す内言の意味論の第 2、第 3 の特質はここから生まれてくる。

　ヴィゴツキーが内言の意味論の第 2 の特質と指摘するものは、語の結合、組み合わせ、合流に関するものである。そのうちの一つは、「膠着」に近く、いま一つは稀に見られる語結合の様式としてドイツ語の場合に近いものを代表例の一つとしている（本書 127 ページ、原書 c.324）。膠着とは一般に、たと

えば日本語で二つの語が結合されて一つの語のように機能することを指し（膠着語）、「私は」「私が」「私の」というようなケースがそれに当たる（英語・フランス語などは屈折語に分類され、《I》《my》あるいは《je》《mon または ma, mes》と一語で表される。もっともロシア語では人称代名詞にかぎらず基本的にはあらゆる名詞が格変化をするのであるから屈折語の最たるものの一つであろう）。明示されていないが、ドイツ語における語結合の場合では、たとえば英語での East station、フランス語の Gare de l'Est が Ostbahnhof の一語で表されることを示しているであろう。もっとも日本語においても東駅は固有名詞としては一語である（パリ東駅、ベルリン東駅のように）。ヴィゴツキーはこれに類した語結合が内言のなかに生じていると考えているが、その根拠としているのは自己中心的言語の分析である。すなわち、子どもの自己中心的言語のなかにも類似したものが発見された。この形式のことばが内言に近づくにつれて、合成的な概念を表現するための一つの合成語を形成する様式として、膠着がますます頻繁・明瞭に現れてきた 。子どもはその自己中心的発話において、自己中的言語係数の凋落と並行して、語の非統語論的粘着へのそうした傾向をますます頻繁に顕わにするようになる（本書128ページ、原書 c.325）。残念ながら、ここには自己中心的言語における上述の語結合に類した事例は示されてはいない。

　そうした第 2 の特質は、主として形相的側面に関するものに見えるが、次の第 3 の特質と合わせると、内言の意味的側面と深く結びついていることが明らかになる。第 3 の特質は、語の意味の流出（あるいは流出入）влияние・流入 вливание と関わっている。ヴィゴツキーは上述のような自己中心的言語にみられる膠着などの語結合を「意味の流出〔流入を含む〕」と名づけている。つまり、独特な様式の語結合の内部には、「諸意味は、相互に流入しあい、相互に流出しあうかのように、前の意味が、後の意味に含まれ、あるいは、後の意味を変形するかのようである」（本書128 〜 129 ページ、原書 c.325）という語の意味の流出・流入がある。たとえてみれば、ドイツ語における Osten と Bahnhof とから意味が流出し、新しい一語 Ostbahnhof に流入したようなも

のである。これが内言における語結合において語義と比べて語の意味がより広範に動的となることの証の一つである。ヴィゴツキーは類似した現象を外言のなかに、とりわけ「芸術的ことば」のなかにも見出している。文学的ことばにおいては、作品名である名前が作品の全内容を想起させる。たとえば「ドン・キホーテ」「ハムレット」「エヴゲニイ・オネーギン」「アンナ・カレーニナ」などである。その名前は、「語に込められた意味的諸単位のあらゆる多様性を吸収し、その意味にもとづいて、あたかも作品全体の等価物になるかのようである」(同上)。つまり、作品全体のあらゆる単位・文脈のことばから流出した意味が、名前という一、二の語のなかに流入したのである。

ヴィゴツキーによれば、芸術的ことばにおけるそのような語の意味の流出・流入の典型的事例はゴーゴリの小説「死せる魂」に見出される。そこでは、二つの国勢調査のあいだに死亡した農奴をリストアップし、そのリストを売り買いして、つまり詐欺によって金を儲ける商人と地主がリアルに描かれている。小説を読み終わった読者は、作品名が死亡した農奴の売り買いに関わる点では「死せる農奴」であるが、登場する主人公たちは生きてはいても精神的には死んでいるという点では「死せる魂」であるという作品名の意味を理解する。ロシア語では一つの語 душа の語義が「魂」および「農奴」を指し示すのであるから、二重の意味が小説の内容と相俟って顕わになる。つまり、作品名である語に作品全体の意味内容が流入しているのである。

ヴィゴツキーは、内言においても類似したことがもっと徹底して起こる、と推定している。「内言における語は、外言におけるよりも、意味をはるかに多く積載している」。それはゴーゴリの小説の作品名と同様に、「内言においては、膨大な意味内容が一つの語という容器に注ぎ込まれうる」からである。内言における語は「意味の・集中された凝縮」(本書130ページ、原書 c.326) である。

「語の意味の語義に対する優越性」のテーゼは、以上のように、ヴィゴツキーの内言の意味論に機軸を与え、内言の二側面の複雑な運動の解明をもたらした。内言において、形相的側面は限りなく縮小されていくのに応じて意味的側面は限りなく深化し膨大なものになっていく。それは、小説を含む外言が他者のた

めのことばであるのに対して、内言は自己のためのことばであるからに他なら
ない。

Ⅴ 「思惟から語」「内言から外言」への過程

ヴィゴツキーは本書収録の論文の後半で、「思惟から語への運動」を精力的
に探究している（その過程で内言理論を解明し位置づけている）。

言語の問題としては、すでに発生的観点から、外言—自己中心的言語—内言
という発生の道が明確にされたが、その逆の運動の問題が「思惟から語への運
動」という形で探究の課題となった。言いかえれば、内言の意味論はどのよう
に外言の語にたどり着くのか、という問題である（詳述されてはいないが、こ
の問題にはどのようにたどり着かないのか、という遮断の問題も含まれてく
る）。

そうした思惟から語への運動（言語の問題として捉えれば内言から外言への
運動）について、ヴィゴツキーは、その考察の様式および実際の運動を「3つ
の平面」においてとらえようとする。

第1の平面は考察の様式にかかわる理論的なものである。

内言が「ことば・マイナス・音」ではないように、外言は「内言・プラス・音」
ではない（本書133ページ、原書c.328）。外言と内言の相違を音の有無と特
徴づけるのはそれ自体としては間違いではないが、それだけでは、問題を事柄
として捉えることになり、過程として、生成や発達として捉えていない。ヴィ
ゴツキーが問題を掘り下げる観点として提起しているのは、①思惟の語に対す
る関係は「事柄ではなく過程であること」、したがって、「思惟から語への、ま
た逆に、語から思惟への運動であること」、②「思惟は、語において表現され
るのではなく、語において遂行される。それ故に、語のなかでの思惟の生成（有
と無の統一）について語ることができる」こと、③「そうした思惟の流れは、
一連の平面を通る内的運動として、思惟の語への移行・語の思惟への移行とし
て、実現される」こと、であった（本書67ページ、原書c.284-285）。

第Ⅲ章　言葉の内と外　179

　第2の平面は、ことばの形相的側面と意味的側面の統一性と対立性のなかでの運動である。ヴィゴツキーは、子どもの年齢発達的な例証と主として大人の機能的発達の例証とをもって説明している。

　ことばの形相と意味とは、お互いを根拠にしつつ（統一性）、それぞれが独自の運動を反対方向に展開する。子どもの年齢的発達的な例証の1つとなるものは、幼児の初語および1歳代のことばであり、語の意味は全体（1語文）から部分に進むのに対して、形相は部分（単語）から全体（文）へと反対方向に進む（前述）。

　重要なことは、ここから、子どもにおける思惟とことばの関係が次のように引き出されていることである。——「子どもの思惟が、分化して、個々の部分からなる構成に移行するのに応じて、子どもは、ことばにおいて、部分から分化を含む全体へと、移行する。その逆に、子どもがことばにおいて部分から文という分化した全体へと移行するのに応じて、子どもは思惟において、未分化な全体から部分へと移行することができる。このように、思惟と語は、そもそもの始めから、けっして一つの型紙に沿って裁断されたものではない。ある意味では、両者のあいだには、調和よりもむしろ矛盾が存在する、と言うことができる。ことばは、その構成において、思惟の構成の・単純な鏡のような反映ではない。それ故に、ことばは、出来合いの服のように、思惟をまとうことはできない。ことばは、出来上がった思惟を表現するのには役立たない。思惟は、ことばに転化するとき、改造され、変形される。思惟は、語において、表現されるのではなく、遂行されている。したがって、ことばの意味的側面と音声的側面との発達という・相反する方向をもつ諸過程は、その対立的方向性の故にこそ、真の統一性を形成するのである」（本書69ページ、原書 c.286）。なお、筆者には、語やことばの連合理論的理解に対する最良の反証は子どもの初語の事実（語の般用と1語文）のなかにある、とさえ思われる。

　さらにヴィゴツキーはピアジェに依拠しつつ、子どもにおける論理と文法の不一致を例証としてあげている。いくつかの接続詞の使用を考察したピアジェに依拠しつつ、「文法は、子どもの発達において、彼の論理よりも先を進む」（本

書70ページ、原書 c.286)、と述べている。この指摘は、接続詞を間違いなく使用していても、その接続詞のもつ論理を子どもはまだ意識していないことを表している。つまり、子どもにおける文法形式と論理との不一致である。

ヴィゴツキーは、子どもに起こっていることに類似した、大人における文法と意味のあいだの機能的発達の事例を枚挙する。初期の子どものことばに明瞭にあらわれている形相と意味との反対方向の運動は、大人の場合にも、ある意味では継続し、形相と意味との不一致として現れている。その1つである文法的カテゴリーと心理的カテゴリーの不一致は、文法的な主語・述語と心理学的な主語・述語との不一致、詩の翻訳における文法的性とオリジナルの改作などの事例をあげて、文法形式とは区別される「心理学的な数・性・格・代名詞・最上級・未来時制などについて語ることができる」(本書72ページ、原書 c.288)とさえ述べるのである。

ヴィゴツキーが、文法的カテゴリーと心理学的カテゴリーとの不一致について、言語学において参照したのは、明らかに、パウルの『言語史原理』(1880年)であった。この点について、ヴィゴツキーは「パウルは、同一の文法構造の背後にその多種類の心的意見がいかに隠されうるのか、を指摘した」(本書72ページ、原書 c.288)とコメントしているが、その際に念頭におかれているのは、パウルの次のようなことばであろう——「文法的範疇は確定した伝統に結びついている。これに対して、心理的範疇は常に自由で、いきいきとその作用を続けるもので、これは個人的な見解に応じて、種々雑多に変化しながら形成されることができる」(パウル『言語史原理』福本喜之助訳、講談社学術文庫、1993年、第15章・§180)。言いかえれば、文法・心理の2つのカテゴリーの不一致の根底にあるものは、思惟はことばの形式におさまりきらない、ということであろう。

さらに、より一般的に考えると、ことばの形相と意味との統一性・対立性の根底にあるものを、ヴィゴツキーはデカルトの所説のなかに見出している。その点について、ヴィゴツキーは次のように述べる——「一般的なもののために為される・不一致の完全な除去、無条件に正しい表現は、言語とその習熟との

向こう側—数学においてのみ、達成される。言語から生じながらも・言語を克服する・思考を、数学のなかに見出した最初の人は、明らかに、デカルトであった」（本書73ページ、原書 c.288-289）。そこにはデカルトの出典は示されていないが、おそらく、「a²、b³、そのほか類似の書き方をするとき、私も代数学で用いられている語をつかって、これを平方、立方などと呼びはするが、普通は単なる線しか考えていないのである」（『幾何学』第 1 巻、原亨吉訳、『デカルト著作集』第 1 巻、白水社、2001 年、p.4）が、念頭におかれているであろう。つまり、デカルトが言いたいことは、思惟のうえでは放物線であるのに、ことばにすると「平方、立方」となる、というようなことである。

　ついでに、デカルトのことばと類似したものについて言えば、10 進法にもとづくアラビア数字を音にしてことばで表すとき、思惟とことばには 10 進法の観点からの完全な一致がたえずあるわけではない。たとえば、フランス語を例にとれば、70（soixante-dix、ソワゾント - ディス、敢えて訳せば、60 と 10）、71（soixante et onze、ソワゾント・エ・オンズ、60 と 11）、80（quatre-vingt、キャトル - ヴァン、4 つの 20）、81（quatre-vingt-un、キャトル - ヴァン - タン、4 つの 20 と 1）、90（quatre-vingt-dix、キャトル - ヴァン - ディス、4 つの 20 と 10）、91（quatre-vingt-onze、キャトル - ヴァン - トンズ、4 つの 20 と 11）などは 10 進法からの「逸脱」を示している。また、ロシア語で 20（двадцать、ドヴァッツァチ）、30（тридцать、トリツァチ）、40（сорок、ソーラク）、50（пятьдесят、ペチジシャト）、60（шестьдесят、シェスチジシャト）、70（семьдесят、セミジシャト）、80（восемьдесят、ヴォーセミジシャト）、90（девяносто、ジヴィノースタ）を取り上げてみると、40 と 90 の音は「独特」であり、40（сорок、ソーラク）は 4（четыре、チトゥィレ）とまるで違うのだから、とくに 10 進法からの「逸脱」である。しかし、これが、ことばというものだ、とデカルトやヴィゴツキーとともに言いたい。

　パウルの言う文法的カテゴリーと心理学的カテゴリーとの関係、デカルトの言う放物線と「平方、立方」の呼称、数字の音における 10 進法からの「逸脱」はすべてが思惟とことばとの不一致を示している。これは主として語義の次元

に生じる「矛盾」であり、これに、ポランが示したようなグループ的・文脈的意味や個人的意味が加わると、この矛盾はさらに拡がりうる。これが、ことばというものの本源に存在する特質であり、この特質こそ、ヴィゴツキーが指摘するプーシキンの詩（「微笑みもなく紅を塗った唇のように / 文法的な誤りのない / ロシアのことばを、僕は好まない」）がもつ通常考えられているよりも深い意義、つまりは、第1平面につづいて第2平面にも用いられたことば――「思惟は、語において表現されるのではなく、語において遂行される」ということばの、真の意味であろう。「語において遂行される」ものは、「ことばの意味的側面と音声的側面のあいだの・一度で永遠に与えられた・不動で恒常的な関係ではなく、語義の統語論から意味の統語論への運動・移行、思惟の文法から語の文法への転化、語のなかで具現化されるときの意味構造の変形」なのである（本書75ページ、原書 c.289-290）。

「思惟から語」「内言から外言」への運動の第2平面を構成する、ことばの形相・意味の統一性と対立性の基礎にあるものは、以上のような言語の本源に根ざしたものである。

第3の平面は、内言そのものと内言の意味論である。

内言についてはすでに述べた。①機能的には自己のためのことばである、②内言はたんなる内的心理過程ではなく、内言もことばであるので、形相と意味との2側面をもつ、③形相と意味の2側面は統一的であるとともに（同一ではない）対立的であり、両者は正反対の方向に進むが、内言においては、それが極限にまですすみ絶対的形式をとる。この点について補足すれば、内言の特徴であるもの、つまり、「述語主義・ことばの形相的側面の縮減や、語の意味の語義に対する優越性や、意味的諸単位の膠着や、意味の流出入や、ことばの慣用句性への諸傾向」が外言、とくに話しことばにも観察される（それ故に、話しことばと内言との比較が意味をもつ）。このような観察が可能になるのは、「語の本性と法則」の故である（本書132ページ、原書 c.328）。ここでも、それはどちらもことばであるからだ、と言うほかはない。ただし、話しことばのなかにあるものと共通する内言の形相・意味の特質においては、内言が他者の

第Ⅲ章　言葉の内と外　183

ためのことばと区別される自己のためのことばであるために、縮減と肥大化は
極限に達するのである。

　これらを踏まえながらであるが、「思惟から語」「内言から外言」への道はど
のようなものなのか。

　まず、ヴィゴツキー従えば、外言と内言には共通する要素が見られるとはい
え、外言は内言の直訳であるとか、外言は内言・プラス・音なのではなく、内
言から外言への運動のなかには「ことばの再構造化」がある。つまり、「内言
の完全に独創的・独自的な統語論、内言の意味的態勢と音声的態勢とが、外言
に特有な他の構造的形式に転化していく」こと、つまり、「内言から外言への
移行は、複雑な動的変形であり、―述語的・慣用句的なことばが、統語論的に
分解され・他者に理解される・ことばに転化すること」である（本書 133 ペー
ジ、原書 c.328）。より具体的に考えれば、自己のなかで肥大化した意味から、
いま言いたい意味をつかみとり、それを表す語義を見つけ、自己用に形相が縮
減された語（その欠片）から他者に向けた（他者に通じる）ことばに形相的に
蘇生させる、という作業が、「内言から外言」への運動のなかで行われている。
これが「ことばの再構造化」の実相であろう。この作業は、対話における応答
では相対的に速く、書きことばにおいては相対的にゆっくりと行われる。

　思惟と語の関係もこれに類似して捉えられる。ヴィゴツキーによれば、思惟
と語は統一的であるが同一ではない（これは思惟が語にたどり着かないという
事例から示唆される）。ところが意識の交流には物理的にも心理学的にも直接
的な道はなく語による媒介的な道による以外にはない（本書 139 ページ、原
書 c.332）。ここに内言が絡んでくるのである。内言は「思惟と語との動的関
係を媒介する・言語的思考の独特な内的平面」（本書 133 ページ、原書 c.328）
であり、思惟と語のあいだにある「動的で・不安定で・流動的な・モメント」（本
書 134 ページ、原書 c.329）である。なぜなら、思惟そのもの、思惟の過程が、「外
的に記号によって媒介されているばかりか、内的に語義によって媒介されても
いる」（本書 139 ページ、原書 c.332）からである。「内的に語義によって媒介」

とは言うまでもなく内言の意味論の問題である。人が思考するとき、自己に向けられたことばである内言、その意味の内部にある語義が用いられる。その後に、他者に向けられたことばに至る道は、上記の「内言から外言」への運動と同じであろう。ヴィゴツキーはこうした思惟の語への運動の道を、きわめて一般的な定式として、「思惟を生み出す動機から、思惟そのものの形成へ、つまり、内的な語、後には、外的な語義、最後には、語〔そのもの〕における思惟の媒介化へと進む」（本書 142 ページ、原書 c.333）と表現している。

「思惟から語」「内言から外言」への運動について、ヴィゴツキーが最終的にたどり着いた地点を示す前に、少し廻り道をしておこう。それは、ことばの意味と「知と情」の問題である。

知と情は任意の形で、また、任意の程度で、つながり絡みあっているが、考察のために一旦切り離しておこう。知のモメントから、ことばの意味は完全には理解できないことを示した事例は、ポランが提起しヴィゴツキーが引用して短評をつけたものであろう。

「地球の意味については、それを完全なものにするのは太陽系であり、太陽系の意味については、銀河の全体が疑いもなく私たちにそれをよりよく理解させ、銀河の意味については ……。つまり、私たちは、何についても、したがっていかなる語についても、その完全な意味を決して知り尽くすことがないのである。語は新しい問題の汲み尽くせない源泉である」（本書 49 ページ、原書 p.328）。

これなどは概念の無限の階層性というべきものであろう。ヴィゴツキーはこのポランのことばを引用しつつ、短評を記している。──「結局のところ、語の意味は、世界の理解と全体としての人格の内的構成とに、依存している」（本書 126 ページ、原書 c.323）。

ことばの意味に関する情のモメントについては、ヴィゴツキーは演劇家スタ

ニスラフスキーの「ポドテクスト」論を事例にあげている。もっとも「ことばの背後に隠されている思惟」、ポドテクスト（下支えのテクスト）とはテクスト（この場合は台詞としての発話）の背後にある「思惟と願望」（本書136ページ、原書c.330）のことであるので、純粋な情のモメントとは言えない。しかし、この場合に重要なことは、テクストに対してポドテクストは1つではないこと、個人による解釈によって多様な文脈を創り出すことである。「チャーツキイはソフィアに話す。一世の中に信じる人程幸福な者はありませんよ」というグリボエードフの「知恵の悲しみ」のなかの台詞には、スタニスラフスキーは「この話はやめにしよう」というポドテクストを記している。これと同じように、「私はあなたを信じない。あなたは、私を安心させるために、慰めのことば слова を述べている」とか、「なるほど、あなたは私を苦しめていることを知らない。ならば、私はあなたを信じてみたい。そうすることは私には幸いであろう」とかも可能であろう、とヴィゴツキーは言うのである（本書137ページ、原書c.330）。

このような個の洞察による多様性は、ことばの意味がもつ（あるいは意味を理解する）情のモメントが多く与っている。さらには、思惟そのものの出発点は、他の思惟であるよりも、「私たちの意識の動機の領域から、私たちの欲望と欲求、関心と意欲、感情と情動を掌握する動機の領域から」生まれるのである（本書139ページ、原書c.332）。このことを、グリボエードフ『知恵の悲しみ』の一連の台詞にスタニスラフスキーが記したポドテクストから導き出している。

ことば、思惟、動機（欲望・関心・情動などを含む）の関係が見事な比喩によって描き出されている。語は雨粒である、それを降らせるのは思惟という黒雲である、その黒雲を動かすのは、動機という風である、と（本書140ページ、原書c.332）。

こうして、思惟から語への運動、内言から外言への移行を十全に考察する基本的モメントが出そろった。ヴィゴツキーは、動機、思惟、ことば、内言、外言、移行と逆の移行、媒介、過程における「途切れ」などのモメントを用いながら、思惟から語へ、内言から外言への道を過不足なく提示している。少々長

いが、該当箇所をそのまま引用しておこう。

「ここで、私たちの分析は終了する。分析の結果としてもたらされたものを、一瞥してみよう。言語的思考は複雑な変動的全体だと、私たちには思われた。そこでは思惟と語との関係が、一連の内的平面を通過する運動として、ある平面から他の平面への移行として、顕わにされた。私たちは、もっとも外的な平面からもっとも内的な平面へと、分析を進めた。言語的思考の生きたドラマでは、運動は逆の道を進む―思惟を生み出す動機から、思惟そのものの形成へ、つまり、内的な語、後には、外的な語義、最後には、語〔そのもの〕における思惟の媒介化へと進むのである。しかしながら、これこそが思惟から語への唯一の道であって、これがたえず実際に遂行されている、と考えるのは、正しくないであろう。その逆に、この問題での私たちの知識の現状では、きわめて多様で・数え切れないほどの、ある平面から他の平面への・まっすぐな運動と逆の運動・まっすぐな移行と逆の移行、が可能である。しかし、今やすでに、私たちはもっとも一般的な形で知っているのだが、あれこれの方向へ―動機から思惟を経て内言へ、内言から思惟へ、内言から外言へ、等々―と進むこの複雑な道における任意の点で途切れる運動も可能である」（本書 142 ページ、原書 c.333-334）。

「私たちは、もっとも外的な平面からもっとも内的な平面へと、分析を進めた」と書かれているように、ヴィゴツキーそのものを考察する観点を、外言から内言へという分析に沿って、現実的関係（たとえば 2 人の間での口論）が 1 人の内部で展開されること（たとえば熟慮）、現実的諸関係の人間の内部への転生（превращение、ingrowing）に求めることが多い。それはそれで間違いではないが、「言語的思考の生きたドラマでは、運動は逆の道を進む」という彼の指摘にしたがって、内言から外言へという逆運動を視野に入れたとき、ことばの問題への観点はいっそう豊かになると思われる。

とくに、「動機から思惟を経て内言へ、内言から思惟へ、内言から外言へ、等々

第Ⅲ章　言葉の内と外　187

——と進むこの複雑な道における任意の点で途切れる運動」は、ことばの問題を事実的側面から究明する新しい可能性を示唆している。この点でヴィゴツキーが取り上げた例証は、19 世紀のロシア記録文学の旗手グレープ・ウスペンスキーが伝えている農民との対話であるが、「思惟が語に届かない」この事例から、思惟はことばと直接的に一致するものではないこと、が導き出されている。ヴィゴツキーのいう、任意の点での途切れは、現代では、種々の認知症、失語症のいくつかの現象、ことばにも現れてくる一部の発達障害などに、ことばの側面から光を当てると同時に、それらの解明はことばの本性に対する新しい知見を提供する可能性をもっている[22]。

　その際、ヴィゴツキーが明らかにした観点の１つ——内言において著しい拡大化の傾向をもつ「意味」と安定的な「語義」との「対立性」、内言において語の欠片にさえなる短縮化する「形相」と肥大化する「意味」との「対立性」、自己に向けられたことばである「内言」と他者にむけられたことばである「外言」との「対立性」、総じて言えば「思惟」と「語」との「対立性」などの、内言の発生にともなう諸対立は、きわめて重要である。日常生活において私たちはそうした諸対立がないかのように発話するので、そこからは見えにくいのであるが、これらはことばが内包する矛盾と対立である（発話ではなく書きことばになると諸対立は多少ながら見えてくる）。詩人や俳人や歌人が自己の感覚・思惟を適切に表現することのできることばを苦悩しながら探り出し、ときには新しい語を創造しなければ表現しえないように、おそらく、上記の疾病や障害のある人たちもまた、ことばを探すのに苦しんでいる。それぞれに固有の特殊性があるものの、疾病や障害のある人も、ない人も、詩人・俳人・歌人も、そ

22　失語症研究者のゴールドシュテインは、ヴィゴツキーの『思考と言語』第７章を読んで、自身への批判にもかかわらず、ヴィゴツキーの内言理論を今後の失語症研究に光をあてるものとして次のように絶賛している。—— "I agree with the concept of inner speech developed by Vigotsky not only because it is supported by good evidence but also because it is in conformity with the ideas about human behavior in general and language in particular which seem to me most accurately to present the facts. It also seems pertinent to me to understand, at least to a certain degree, some symptom complexes which we are inclined to consider as expression of dedifferentiation of inner speech and to give hints as to how they should be studied further." (Goldstein, K. (1948) Language and language disturbances, N.Y. Grune & Stratton, p.98).

うでない人も、ことばが内包せざるをえない諸対立を通り抜ける（内的・外的な種々の媒介化によって）という点で、本質的には同じ道を歩んでいるのである。「言葉の内と外」はそのようなことまで教えている。

あとがき

　ここにお届けする小書には、フレデリック・ポランの論文「語の意味とはなにか」（1928 年）とレフ・ヴィゴツキーの「思惟と語」（1934 年、『思考と言語』第 7 章）との翻訳、それらに関連した小論「言葉の内と外」の 3 篇を収録しています。その編集意図は、ヴィゴツキーの内言論の全体像、わけても、その意味論を明らかにすることにありました。

　ポランの論文は、日常生活で使われるパロル（話しことば）に材を取り、それがもつ意味論を言語哲学的に考察しています。ヴィゴツキーが著した内言（内的言語）の意味論に本質的な影響を与えたことがポラン論文の翻訳の直接的な動機です。ことば・語の語義と意味との連関と区別、意味の語からの相対的自立性の 2 点は、ヴィゴツキーによる内言の意味論の展開を理解するうえで、本質的に重要なモメントであることが、ポランを読むといっそう明瞭になるでしょう。ヴィゴツキーが抽象度を高めて論じたところをポランの示す具体によって理解しやすくなるのは事実です。また、ポランの断定しない姿勢（たとえば語義は抽象であり文脈的意味を積み重ねて具体に達しようとするが、完全には到達しない、という具合の）もなかなか魅力的なものです。

　ヴィゴツキーが病床において口述筆記を含めて執筆したと伝えられる人生最後の作品である「思惟と語」は、外側から内側へという分析（外言から内言へ、語から思惟へという過程の分析）とともに、それをひっくり返して、思惟から語へ、内言から外言へという「言語的思考の生きたドラマ」（それはことばのドラマでもあります）の過程をも考察しようとしました。後者は完成されたものではありませんでしたが、その過程の基本的な道を解明しつつ、その道の途中で「途切れる」という事実をも分析しようとしました（本格的になされませんでしたが）。それは、言語的思考やことばについての今後の考察に大いに示唆を与える観点でありましょう。思惟はことばによって表現されるという常識的な考えを転倒させ、思惟とことばは一致しないこと、思惟がことばになるの

には矛盾や諸対立のために不完全となることなど、眼をひらかれる主張も含まれていて、きわめて興味深いアイディアを見つけることができましょう。

小論のタイトル「言葉の内と外」には、ことばは人間の外側と同時に内側にも存在しますが、それとともに、ことばそのものにも内側のものと外側のものがある、という意味を込めました。そこではポランの意味論やヴィゴツキーの内言論に依拠しつつも、かなり自由に、思うところを書きました。幼児言語に典型的に見られる「ことばの摩訶不思議さ」は概してことばというものの本性を人間主体の側から照明するものであることや、上記の「途切れ」と関連して、内言成立以降、発話（または書記）に至る過程のひとつひとつで、人間は誰しも、ことばが内包する諸矛盾——安定化しようとする「語義」と肥大化しようとする「意味」との内言の意味論における対立性、内言を含むことばにおける「形相」と「意味」との対立性、自己のためのことばである「内言」と他者のためのことばである「外言」との対立性、総じて「思惟」と「語」との対立性など——を切り抜けていかざるをえないこと、等々を指摘しました。これらについて、大方のご批判をお願いいたします。

ヴィゴツキーの論文の翻訳は筆者と伊藤美和子氏が行い、ポランの論文の翻訳は小川雅美氏と筆者が行いました。なお、フランス語で難解な箇所や迷いが生じた箇所については、安藤正人氏（川崎医療福祉大学名誉教授）、門田江里氏（大阪大学フランス語フランス文学会（ガリア）会員）、シルヴァン・モクタリ氏（アンスティチュ・フランセ関西）にご意見を伺い参照することができました。記して感謝申し上げます。

中桐信胤氏のご逝去のあと、三学出版の編集職を受け継がれ、今回の出版の労をとっていただいた中桐和弥氏に、深く感謝申し上げます。

2018 年 8 月
蝉さえ鳴かぬ　炎帝の古都にて
神谷栄司

神谷　栄司（かみや　えいじ）編集・I、II 章共訳・III 章執筆

1952 年、名古屋市に生まれる

1982 年、京都大学大学院教育学研究科博士後期課程単位取得満期退学

現在、花園大学教授、博士（人間文化学、滋賀県立大学）

主な著書等

　ヴィゴツキー『「発達の最近接領域」の理論』共訳、三学出版、2003

　ヴィゴツキー『文化的－歴史的精神発達の理論』共訳、学文社、2005

　『未完のヴィゴツキー理論―甦る心理学のスピノザ』三学出版、2010

　『子どもは遊べなくなったのか―「気になる子ども」とヴィゴツキー＝スピノザ遊び理論』編著、三学出版、2011

　「人間発達の『地層理論』について」『ヴィゴツキー学』別巻第 5 号、ヴィゴツキー学協会、2018〔花園大学学術リポジトリにアクセスすればネット上での閲覧やダウンロードが可能〕

小川　雅美（おがわ　まさみ）I 章共訳

2015 年、大阪大学大学院言語文化研究科博士後期課程修了

現在、京都大学非常勤講師、博士（言語文化学、大阪大学）

主な論文等

　Consideración sobre el como atenuativo（「緩和用法の como についての一考察」）、Lingüística Hispánica　21、関西スペイン語学研究会、1998

　Habilidad lectora de los estudiantes japoneses y la traducción（「日本人学生の読解力と訳」）、Cuadernos CANELA、日本・スペイン・ラテンアメリカ学会（CANELA）12、2005

　「発話の意味へのアクセス―スペイン語の授業における相互行為から見えたこと―」、Hispánica、日本イスパニヤ学会 54、2010

　『スペイン語大辞典』、共著、白水社、2015

伊藤　美和子（いとう　みわこ）II 章共訳

2005 年、神戸大学大学院総合人間科学研究科博士後期課程修了

現在、豊岡短期大学通信教育部こども学科専任講師、博士（学術、神戸大学）

主な著書等

　ヴィゴツキー『「人格発達」の理論―子どもの具体的心理学』共訳、三学出版、2012

　「子どもにおける詩的思考と言語表現の考察と教育への示唆―ヴィゴツキーの発達論を軸に―」『ヴィゴツキー学』別巻 5 号、ヴィゴツキー学協会、2018

　「遊びにおける学びと大人の役割についての考察―ヴィゴツキーの遊び論を基礎に―」『豊岡短期大学論集』第 14 号、2018

　『教育原理』共著、豊岡短期大学、2019

ヴィゴツキー、ポラン / 言葉の内と外
―パロルと内言の意味論

2019 年 6 月 25 日初版印刷
2019 年 6 月 30 日初版発行

著　者　ヴィゴツキー、ポラン、神谷栄司
訳　者　神谷栄司・小川雅美・伊藤美和子
発行者　中桐十糸子
発行所　三学出版有限会社

〒 520-0835　滋賀県大津市別保 3 丁目 3-57 別保ビル 3 階
TEL 077-536-5403/FAX 077-536-5404
http://sangaku.or.tv

©KAMIYA Eiji, OGAWA Masami, ITO Miwako　　　モリモト印刷（株）印刷・製本